福島の歌うオバチャンの
みんな、元気になーれ!

紅晴美・著

はじめに

人は、「夢」がなくては生きていけないと思う。

私も「夢」あるからこそ、毎日を一生懸命に突っ走ってる。私の歌で、たくさんの人たちに「生きててよかった」と思ってほしい。

あの震災の後は、特に強く、そう思うようになった。

故郷・福島の人たちは、家を失い、家族を失い、仕事を失い、「元気」を失った。

これじゃいけない、私、紅晴美は故郷を照らす太陽にならなきゃいけない、と決心して、故郷の皆さんの前で、「元気」を届けた。日本各地に別れていった被災者の人たちにも、「元気」を届けた。

最初は、「なんだ、ただのデブなオバチャンじゃないか」という顔をしていても、私の歌を聴いてくれて、「よかったよ」と涙を流して握手してくれる人がたくさんいた。

被災者の皆さんたちだけじゃなく、日本全国の人たちにも「元気」を届けてる。

脂肪たっぷり、歌もたっぷりなんだよ、私は。

そんな私の「夢」が、どうやって育まれ、花が咲いたのか、ぜひ皆さんに知ってほしい。

＊目次

第一章　常磐炭鉱「ハーモニカ長屋」の「元気」娘

3歳で共同浴場でも唄ってた

好きだったんだよね、歌が。

もうちっちゃい子供のころから、いつも歌ばっかり歌ってた。

私は、福島県いわきの常磐炭鉱の生まれで、7世帯が一列になってつながってる「ハーモニカ長屋」に住んでたの。

炊事場もトイレも共同で、夜中にトイレにいくのが怖くて、兄（あん）ちゃんと一緒に行ったよ。

お風呂も共同で、3歳くらいだったかな、はじめのうちは9つ年上の姉ちゃんに連れられて、一緒にお風呂に行ってたんだけど、行くたびに私、デッカい声で美空ひばりさんの『花笠道中』を歌っちゃうので、姉ちゃん、恥ずかしがっちゃって。「あんたとは一緒にいかない」って、かわりに母ちゃんと行くようになってた。

今でも、なんで『花笠道中』覚えたのか、よくわかんない。

私が生まれたのは昭和28年だから、小学校に上がる前に家にテレビなんてあるはずないし、ラジオだってなかったの。

炭鉱の地区ごとに広場があって、そこで、ときどきみんな集めて映画の上映会やったりしてたから、ひばりさんの映画を見てたのかもしれない。

父ちゃんから受け継いだ「血」

私が歌が好きなのはウチの父ちゃんの影響だと思う。

父ちゃんは浪曲が大好きで、広沢虎造なんて、朝から「旅ゆけば〜〜〜」って、よくうなってたもの。

大正6年の巳年生まれ。戦争にも行ってるよ。私も巳年なんでちょうど3回り違うんだね。

今でもみんなに、

「晴美ちゃんは、声が大きいんで、横にいたら、クラくなってられない」

なんて、よく言われんの。あれはたぶん、父ちゃんから受け継いだ「血」だと思う。

賑やかな人でさ、一緒にバスに乗るでしょ、それで空いてる席があったりすると、立ってる人に大声で、「ここに席が空いてますよー！　皆さん、席をゆずりあいましょ！」なんて叫んだりするの。

すごく恥ずかしかったよ、お風呂で、私に大声で歌われて、横で恥ずかしがってた姉ちゃんの気持ちがちょっとだけわかった。

学校の運動会があったりすると、花咲ジイさんの格好して、「枯れ木に花を咲かせましょう！」なんてやって、みんなを笑わせてた。

まわりの人たちを喜ばせるのが好きなんだろうね。

人の面倒を見るのも大好きで、ずっと炭鉱の世話役もやってた。炭坑夫の労働組合の役員やって、みんなの意見を上の人に言ったりとか。ＰＴＡの役員までやってた。「やってよ」と頼まれると断れない性格なの。

すさまじかった夫婦ゲンカ

忘れられないのが、母ちゃんとの夫婦ゲンカ。

酒飲んで、しょっちゅう、夫婦で取っ組み合いのケンカしてた。晩御飯の最中、父ちゃんが、母ちゃんの返事が気に食わない、なんて些細なことで怒り出して、いきなり、ちゃぶ台ひっくりかえしちゃう。そうすると、戦闘開始。

子供たちはみんな外に避難する。

鍋釜から丼から吹っ飛んでくるから、危ないのよ。近所の子供たちもそういうの慣れっこになってて、玄関の前に集まり、

「うぁ〜！　始まった。晴美のトーチャント、カーチャンガ、ケンカした！」

ってフシつけて、はやし立てたりしてる。

父ちゃんのさわぎぶりは普通じゃなかった。母ちゃんをたたいたり。でも母ちゃんも根性あったね、絶対に泣かないんだ。

そんなにケンカばっかりしてるから仲悪いかといったら、そうじゃないの。共稼ぎで、母ちゃんは機械工場やら印刷会社やらで働いてたけど、帰りが遅くなったりすると、父ちゃん、「会社はなんでそんなに長く働かすんだ」なんてブツブツ言ったりして、寂しがってた。

すこしでも一緒にいたいっていうのか、焼きもちやきだっていうのか、それだけ母ちゃんを愛していたんだね。

ほら、ビートたけし一家のドラマ、あったじゃない。父ちゃんと母ちゃんがいつもケンカしてるのに、ホントはとても仲がいいって。あれよ、あれ！ジメジメしてないんだ。ケンカして思いっきり発散して、終わっちゃえば、またいつもの家族に戻るわけ。

炭坑は「一山一家」

父ちゃんは福井出身で、母ちゃんは宮城県の生まれ。

ボタ山を背景に炭鉱のおかみさんたち（前列左から２人目が母ちゃん）

炭鉱で働いてるのは、みんな、あっちこっちから来てた「流れ者」が多くて、ずっと昔から福島にいた人なんて、ほとんどいないの。

でも、「一山一家」の気持ちはとても強い。全員が同じ「山」の仲間、同じ家族なんだから、みんなで支えあって生きていこうって。常磐炭鉱全体が「一山」だった。

醤油や味噌がなくなると、隣り近所に、よく借りにいかされたよ。

買い物だって、「通い帳」っていうのがあって、どこの八百屋でも魚屋でも、何か買うと、その帳面に書いて、お代は給料日にまとめて払うようになってるの。助かるよね。おカネがなくても品物が買えるんだから。

人情はとっても厚かったと思う。故郷を離れて集まってきた人たちばっかりだったから、余計にそうだったんじゃないのかな。自分の子も人の子も、同じように面倒見てくれて、悪いことをすれば本気で怒ってくれた。

子供たちもビー玉やったり、マリつきやカンケリ、鬼ごっこやったり、みんな兄弟みたいに年上も年下も一緒くたになって、真っ黒になるまで遊んだよ。だから親が働いて家に誰もいなくても、寂しくなかった。

映画の『フラガール』見ると、すごく懐かしい気分になる。

ああだったのよ、真ん中にドーンと大きなボタ山があって、その前に「ハーモニカ長屋」が並んでて。

四畳半が二間だった。ウチは両親と4人兄弟の6人家族で、夜になると、みんなゴロ寝。

でも、狭いとか不便だとか感じたことはなかった。同じ広さで、もっと兄弟が多い家がいくつもあったもん。

確かにビンボー。ただ、まわりもビンボーだと、あまり気にならないんだよね。

最近は、「引きこもり」なんて子供も増えてるけど、あのころは、そんな引きこもれる場所自体なかったわ。

よく食べたっていったら、朝、長屋に売りに来るコロッケも、納豆も、豆腐も。

5円のコロッケ、おいしいのよ。一つの納豆にいっぱい醤油をかけて、それを兄弟で食べるの。カレーは小麦粉がだまになって、魚肉ソーセージもおいしかった。

父ちゃんがよく言ってた。弁当をもっていくんだけど、地下は半端な暑さじゃなくて、暑くて暑くて、皮膚も真っ黒になるくらい。だから水をかけてなきゃ食べられないって。おむすびも、塩いっぱいつけなきゃってよく言ってた。

炭鉱の仕事はたいへんだなと思った。炭坑は3交代制で、私が学校から帰ると、母ちゃんじゃなくて父ちゃんが酒のツマミを作ってた。一番おいしかったのが、ネギの青いところを油で炒めて醤油をかけたの。父ちゃんの得意で私も大好き。それからうどん粉で作るネギだけのどんど焼きを作ってくれた。

姉ちゃんと兄（あん）ちゃんたち

姉ちゃんは、子供のころから、まじめで勉強もよくできて、近所にあった珠算教室の先生をしてた。

私の兄ちゃん2人は、その姉ちゃんに比べられて、すごくコンプレックスだったみたい。お前の姉ちゃんはできるのに、なんでお前は、って感じ。

親には頼れない、自分でおカネ稼いで勉強するって、東京で、働きながら短大通って幼稚園の先生になった。その姉ちゃんがキリスト教の幼稚園の先生になった時、クリスマスケーキをもってきてくれたんだけど、それが楽しみで、ケーキの上にある銀のつぶがキラキラ雪みたいですごく感動したのをおぼえてる。

自慢の姉だね。今じゃ酒飲んでガッハッハってバカ笑いするわ、私に負けないくらいにぎやかなオバサンになっちゃった。

どうしてなんだろうね？　これも、運動会で花咲ジイさんやった父ちゃんの「血」なのかね。

今じゃ私よりウルサいくらい。この紅晴美よりウルサいオバサンって、相当扱いづらいよ。私が知り合いの人を、姉に「姉ちゃん、いつも世話になってる人なの」っていったら、「あっ、そう。だけど私は世話になってないから」だって。ふざけてるよね。

上の兄ちゃんも下の兄ちゃんも、中学出ると「金の卵」で、集団就職した。ウチはビンボーだったし、高校に行く余裕はなかったから。

6つ上の兄ちゃんは、最初は埼玉の鴻巣で機械工をやってて、それからいくつか職場を変わった。そのうち、トヨタの関連会社で家庭用品の営業をやったりもした。ミシンやベットや、いろいろ売ってたよ。

また、この兄ちゃんが、私に一番似てたの。歌が大好きで、うまいんだ。働いたカネで、私にステレオを買ってくれたのも、兄ちゃんだった。それで、『ミスターベイスマン』とか、いろんな曲を聴いた。私が歌が好きなのを喜んでくれて、こうやって応援してくれてたんだよね。

会社の宴会なんかで、チョンマゲのカツラかぶって銭形平次の歌を踊って歌ったり、宴会になると張り切っちゃうのも、これも父ちゃんの「血」かね。

そこいくと、3つ上の下の兄ちゃんは真面目な人間だ。ずっとひとり者で、82で母ちゃんが死ぬまで、面倒みてた。タイル屋やったりいろいろとやって、今は土木関係の会社でサラリーマンやってる。

この兄ちゃんも、歌がうまいのよ。谷村新司さんの曲をていねいに、しみじみと歌うのよ。

上の兄ちゃんは目立ちたがり、下の兄ちゃんは人に迷惑をかけたくない地味な人。就職してお給料をもらってすぐに、私に机を買ってくれた。うれしくてうれしくて、涙がちょちょぎれたよ。

ウチの兄弟は仲いい。四畳半で一緒にごろ寝した仲だから。

小学校のころから「天才」だった

小学校は、湯本第三小学校。炭坑で働いてる家の子ばっかりで、一クラス45人、一学年7クラスはあった。大きな学校。

自慢じゃないけど、そのころから私は「テンサイ少女」。天に災いの方の「天災」じゃなくて、もちろん「天才」の方。

歌は折り紙付きだった。都はるみさんの『涙の連絡船』から、ザ・ピーナッツの『ウナセラディ東京』から、演歌でもポップスでもどんと来い！　だったもんね。音楽の先生が私の歌のうまさにほれ込んで、合唱コンクールがあると、

「晴美ちゃんも出てよ」

なんて声をかけられる。こっちは、「はーい！」って喜んで出ちゃう。好きだから、まったくちゅうちょなし。

先生の指導で、アコーディオンやマリンバまで、小学校でやってたくらい。マリンバなんて普通やんないでしょ。それを平気でやりこなしっちゃったわけよ。「天才」としかいいようないよ。

授業参観で、母ちゃんが学校に来る日があるよね。それで先生が「この問題、わかる人は？」と聞いてきたら、真っ先に、誰よりも大きな声で「ハイハイ」って手をあげる。それで5番目くらいに指されると、わざと答えない。だって、一番に指されなかったら、イヤだって。ウソッ〜〜！

みんなわからないような難しい問題でも、手を真っ先にあげる。母ちゃんのかわりに来てくれた姉ちゃんが、ハラハラドキドキ。「晴美は本当にわかってるのかな」って。でも、「当てられて黒板にスラスラと書いた時は、胸をなでおろした」って。まったく今考えるとこわいわ！

根っから、「人助け」も好きだったんだ。

なぜか、炭鉱には、そのころ、物乞いの人っていうか「お乞食さん」もいた。小学生だった私、そのお乞食さんが気の毒になっちゃって、「おじさん、ウチにおいでよ」と言ってあげたの。遠慮するのを「いいから」って連れてって、母ちゃんに頼んで、味噌をぬったおにぎりを作ってもらって、食べさせてあげた。

母ちゃんも、ブツブツ言いながら、作ってくれたよ。

「まったく、こっちだって大変なのに・・・」

って。お乞食さんほどじゃないにしても、ウチだってビンボー人で子供4人いるし、他人様の面倒見る余裕なんてない。だから、母ちゃんが不機嫌になるのもわかる。でも、だからといって、ちゃんとおにぎり作ってくれるところが母ちゃんのいいとこだね。

そのお乞食さんは、泣きながら、母ちゃんにこう言ったらしい。

「ここの娘さんみたいに、やさしい、おおらかな子はなかなかいない。大人になったら、必ずいい人になるよ」

って。予言通り、私は「いい人」になりました。でも、「おおらか」にな

りすぎて、体重まで「おおらか」になっちゃった。

中学で吹奏楽部に入る

もう、歌うたったり、楽器やったりが楽しくてしょうがなくて、中学入っ

たら、もっぱら音楽中心の生活。すぐに吹奏楽部に入って、クラリネット始

めた。

湯本第二中学校ってとこに通ってたんだけど、家からは歩いて1時間。遠

いの。

でも、朝6時には学校に行って練習やってた。だから家を出るのは5時。

冬なんか、寒かったよ。夕方の6時くらいまでは学校に残って練習してた。

だから東北の大会では優勝を争うくらいまでいったし、炭鉱にあった野球

部の応援に呼ばれて行ったりもしてた。常磐炭鉱の野球部は社会人野球でも強豪の方で、町の誇りでもあったんだ。

学校の帰りは、同じ吹奏楽部の友達と、あぶないからと先輩が必ずついて、4人くらいでグループになって帰る。ガードマンみたいに守ってくれた素敵な先輩だった。うれしいね。

昔は部活でいろんなことを学んだんだね。

中学時代　下のあんちゃんと

グループサウンズの全盛期で、タイガースやスパイダースやブルーコメッツの歌をみんなで歌うの。それに都はるみさんやひばりさんの曲も。どうにかウチでもテレビが見られるようにはなってて、歌謡番組、今よりいっぱいやってた。

特に『シャボン玉ホリデー』なんて、すごく楽しみにしてた。ピーナッツの歌も素敵だったし、クレージーキャッツのコントで大笑いしてた。あんなふうに人をわらかすのって、スゴいなと思ってた。

それから、『ひょっこりひょうたん島』の主題歌が大好きで、あの歌を聴くと元気になっちゃう！　歌の力はすごいわ〜〜！

高校で音楽がやりたい！

いわきにいたら、炭鉱の景気がどうなのかはわかる。

工場なんて、日本中どこも石炭から石油になっちゃってる。ポツポツ、常磐炭鉱の中でもあちこちが閉山になっていたのよ。

だからウチの生活が楽なわけがない。父ちゃんなんて、ケガして入院したり、肺が悪くなったりして、だいぶ働くのがキツくなってた。母ちゃんが男に混じって炭鉱で働いたりして、ようやく一家が暮らしていけたくらいだった。

だから私も高校いけないと思ってた。

だけど、行きたかったんだよね。吹奏楽も楽しかったし、このまま音楽を続けたい。中学出て就職したら、そんなことやれるはずないでしょ。

やっぱり、音楽はやめられなかった。自分でおカネはアルバイトして何とかするから、どうか高校には通わせてほしい、と父ちゃんと母ちゃんを説得した。

内郷高校っていって、湯本からは電車で一駅。学校の勉強以上に、どうしても音楽がやりたかった。それでまた吹奏楽部に入ったの。

音楽の道に進むことは決めたけど、それにはピアノも歌も勉強しなくちゃならなかった。

だから合唱部の顧問だった阿部先生に頼み込んで、放課後、タダで教えてもらったの。今考えると申し訳ないよね。でも先生は私の熱意に負けたんだろうね。

ところが、まだ高校に入って1年もたたないうちに、とんでもない事件が起きるのよ。

炭坑閉山で、町は消えてしまった

ついに、ウチの地域の炭鉱も閉山になっちゃった。

常磐炭鉱の閉山は昭和51年。それは全部が閉山になったのがその年なだけで、地区ごとにあっちが消え、こっちが消え、と少しずつ閉めていったの。私のウチのあった地区は昭和44年に閉めた。その前から、ウチの父ちゃんも含めて、それぞれが、今後のために職業訓練所に通っていたりして、覚悟はできていたつもりなのに、閉まる時はたまらなく寂しかった。

当たり前だよね、生まれて16年も暮らしてきた、私にとってはここしかない故郷なんだから。寂しいに決まってる。

だんだんに、じゃないの。ある日突然、それまで普通にたくさんの人が住んでいる町が、いっぺんになくなっちゃうの。これぱっかりは、口で説明してもわかってもらえないだろうね。魔法で町が消されたみたいなもんだった。そのころはもう、姉ちゃんと兄ちゃんたちは家を出て働いてて、家族は3人だけだった。

高校があるので、私だけが地元に残って、両親は東京の東村山に行っちゃった。父ちゃん、どうにか配管工の仕事が見つかって、そっちに移ったわけ。そうやって、隣り近所の人たちも、全国に散り散りになっていった。

はじめは内郷にいた親戚の家に居候させてもらってたんだけど、自分ひとりで気兼ねなく暮らしたい、って思って、父ちゃんにも付き合ってもらって、見つけた下宿は、同じ内郷の、工務店の中の四畳半。窓がない、物置みたいな部屋だけど、家具といったって机くらいしかないんだから、そんなに狭い感じはしなかった。

冬は寒いし、夏は暑いし、父ちゃんが東京から来て、小さな扇風機を買ってきてくれた時は、うれしくて、泣けたよ。親はありがたい。

安かったのよ、家賃が月3千円だったかな。それが私の払えるギリギリだった。

そこの奥さんがいい人で、水道もガスも、ただで自由に使わせてくれた。ありがたかったな。ビンボーだから、余計に「人の情け」が身に染みるんだね。

常磐ハワイアンセンターでウェイトレス

働くしかなかった。家賃は父ちゃんと母ちゃんが出してくれて、お米くらいは送ってくれたけど、生活費は全部、自分で稼がなきゃいけないから。

朝6時から練習して、授業をはさんで、また夕方6時まで吹奏楽部の練習でしょ。それが終わった後に、ショッピングセンターのレジ打ちなどの、アルバイトをした。いろんなことやった。

だけど、それくらいじゃ、到底、おカネは足りない。

日曜は、朝から晩まで常磐ハワイアンセンターのレストランでウェイトレスよ。今のスパリゾートハワイアンズ。私が中学に入るくらいに開園してたんだ。

まったく、あれを作った人たちの「先見の明」には頭が下がるね。ハワイアンていったって、いわきはただの山ん中よ。海なんかありゃしない。しいて特徴っていったって温泉が出るくらいで、炭鉱が盛んなころは、石炭が掘り出しにくくなって、かえって温泉は邪魔なくらいだった。

それを炭鉱のエラい人たちが、炭鉱がダメになっても、一人でも多く、地元で働ける人間を生み出したいって考えて作ったんだもん。私ら、地元の人間だって、あれが50年たった今でも続いていて、しかも繁盛してるなんて、まったく想像できなかった。本当にエラいもんだ。まともな発想なら、せめて、温泉町作って、お客を呼ぶくらいだ。いくら、当時、たくさんの日本人にとって「南の楽園」ハワイに行くのが夢だったたっていっても、山ん中にハワイ作るなんて、思いつかない。

今でこそフラガールなんていったら、それこそ「花形」だけど、最初はあの映画でも出てきただろ、「ウチの娘がフラガール？　そんなバカな」とか、「裸になって踊るなんて、バッカじゃねーの」って反応が当たり前だった。

それでも、初めてあの中に入った時の驚きは忘れられない。こんなすごいものが、私の故郷に生まれたのが、とても誇らしかった。

いきなり、私たちが住んでるところに「南国」が出来てたんだからね。木や花で飾られてて、フラダンスがあって。炭坑のあとに出来たなんて信じられないくらいの、夢いっぱいのにぎやかな別世界。

ハワイアンセンター出来たおかげで、私の高校の先輩なんかは、たくさんハワイアンの楽団に入って演奏できた。私もやりたかったよ。だけど、高校生じゃ採用してくれない。アルバイトでウェイトレスやるしかない。

嬉しかった友達からもらったおにぎり

ビンボーは、もちろん覚悟してた。だから、別にツラいとは思わなかった。

好きな音楽のためにこうなってるんだし、私はだいたいそうは簡単にはへこたれないの。

ただ、食べ盛りでしょ、十分にモノが食べられないのだけは、正直、ちょっとツラかった。おかずはせいぜい納豆とタクアンくらい。たまに買う一個10円の天ぷらのおいしかったこと・・・。

昼のお弁当なんて、とても持っていけなかった。だから昼休みになると、ひとりで音楽室行って、ピアノとクラリネットの練習してた。そうすれば、お腹が減ったのを忘れられるしね。

毎日そうだったのを、あんまり見かねたのか、同級生のコが「これ食べて」っておにぎりをもってきてくれた。

涙が出るくらい嬉しかった。おにぎりをくれたのもそうだけど、私のことを気にかけてくれている人がいるのが嬉しかった。父ちゃん母ちゃんとは離れた一人暮らしだったでしょ。

たぶんどこかで寂しかったんだろうね。

食べ物にも困ってるくせに、野望だけは持ってた。一番になりたい、って人間だもん、ないわきゃない。

どうせクラリネットやるなら、私はソリストになりたかった。自分ひとりでお客さんを沸かせるくらいになってみたかった。

で、高校2年から、東京の三鷹に住んでいる東京芸大の先生のところに、レッスンを受けに行くことにしちゃったの。月1、2回がせいぜいだったけど。

誰が聞いても「何考えてんの?」だよね。昼のお弁当も持っていけない人間が、わざわざいわきから三鷹まで電車賃使って、その上、レッスン料まで払って通ったんだから。だったら、そのおカネで、もっとマシなものを買って食べた方がいいだろ、って。

私はイヤなんだ、「音楽」という目標のために出すおカネを惜しむのが。少しくらい食べ物を我慢したって、そっちは我慢できない。「花より団子」なんてこともあるけど、私は団子食べる前に、まず「花」の方を大事にしたいタイプ。

こんなこと言ったら、「その割には太ってるじゃないか」と笑われそうだね。でもずっと昔からこの体形だったわけじゃない。あのころはヤセてたのよ。

高校を出たら、まず、東京に出てきて、東村山の父ちゃんと母ちゃんのところで同居を始めた。

神田にある下倉楽器店に就職したの。どうせ仕事やるなら、音楽に関係のあるところに行きたかったから。おカネをためて、音楽をもっと勉強もしたかったから。

2年後に入ったのが小金井音楽学校。今は小金井音楽アカデミーに名前が変わってる。

そこに毎日通って、ピアノと声楽と音楽理論を、みっちり2年間勉強した。ビクターのピアノ講師の免許も取った。

これで一生私は、音楽でやっていける、と確信持ったよ。

炭鉱生まれのビンボーなネーちゃんにしちゃ、よくやった方だと思わない？

第二章　「肝っ玉元気かーちゃん」として生きて

最初のだんなとの出会いは手巻きずしから

やっぱり、寂しかったのよね、東京は。

父ちゃん母ちゃんと一緒に東村山で住みだしたっていったって、右を向いても左を見ても知らない人ばかりで、すごく寂しかった。

その寂しさを埋めてくれたのが、最初のだんな様。

出会いは、まだ私が21か22で、今よりずっとスマートでカワイかったころの話。

立川駅北口前の中武デパートで、土日の昼間はエレクトーンひいて、夜は、同じ立川の、あのころは「コンパ」っていってたかな、洋風の飲み屋さん、今ならパブとかラウンジとかいうのかしら、そういう場所でピアノの弾き語りをしてたの。

仕事が終わると、お腹がすくでしょ。おいしいものが食べたくなるのよ。

決まって行ったのが立川駅の南口にあったスナック「あき」というところ。手巻きずしがムチャクチャおいしくて、最初はそれにつられてよく通うようになってた。

その「あき」のマスターだったのが、まさに最初のだんな様。手巻きずしがおいしいはずよ、あの人、昼間は寿司屋。夜はスナックもやって、家は鉄工所。

すごいがんばる人で、いい男だったの。芸能人でいうと、角川博さんにちょっと似てるかな。もっといい男。

私は面食いなのよ。会ってすぐにポーッとなっちゃって。東京で初めて本気で付き合ったのがこのヒト。年は私の一つ上。

彼の同級生が地元でアマチュアの吹奏楽団の指揮者やってて、それで私も彼の紹介でその楽団にクラリネットで入れてもらったり、なにかと世話もしてくれたわ。

そのうちに、彼が言い出すのよ。

「どうせ立川で働いてるなら、うちの店においでよ」

渡りに船だよね。私だって、そうなったらいいな、と思ってたから。すごくうれしかった。

立川の山口百恵

気が付いたら、スナック「あき」のママよ。

カウンターの内側で彼が料理作ったりお酒出したりして、私は外側でピアノの弾き語りやったり、お客さんの歌の伴奏やったりするわけ。

店は20人か25人くらい入ればいっぱいになる広さで、そんなに大きくはなかった。私が入ってピアノやるようになったら、毎日、ほぼ満杯。ピアノだけじゃない、私のハッチャケたトークがよかったのか、地元の人たちを中心に、どんどんお客さんが増えてきた。

スナックのエモングループがやってた「立川歌謡研究会」の集まりで、私

立川の山口百恵といわれていたころ
（左：母ちゃん　右：上のあんちゃん　２人は姉ちゃんの子供）

もバックコーラスやったりして、いろいろな人とつながっていった。

私は、結婚したかったよ。でもだんな様、モテまくりだったんだから。いい男で、カネもあって、顔も広いじゃ、女のコはみんな引き寄せられちゃうって。店にも、彼目当ての女のコはたくさん来てた。まだ20代も半ばくらいで、年も若ければ、そんなに焦って結婚しようなんて考えないよね。

モテたっていえば、この晴美ちゃんだって、相当なもんだったんだよ。なんたってね、あのころは私、「立川の山口百恵」って呼ばれてたんだ。それくらいカワイかったのだ。いろんな男の人に言い寄られて、何度、「これっきり、これっきり」って振ったかわかんない。

特に多かったのが、立川基地があって、自衛官の人。ほら、イナカから出てきた純朴な人が多いじゃない。その目の前に、いきなり明るくて、歌がうまくて、それでちょっとナマってて親しみやすい「立川の山口百恵」が出現したとしたら、そりゃ、私目当てに毎日でもくっぺよ。

だけどみーんな、つっぱねちゃった。あの人一筋だったから。あの人のために店を盛り上げたい、そればっかり考えてた。いつか、一緒になることを夢見てさ。

玉の輿は、そううまくはいかない

7年かかってんのよ、結婚まで。私も29になってた。30手前で、彼もようやく身を固める気になってくれたんだ。

結婚式も盛大だったよ。招待客は200人以上で、立川の市会議員やら商工会の人やらいっぱい集まって、賑やかなものだった。

父ちゃんは、もう亡くなってたけど、母ちゃんは喜んでくれて。相手はいい男だし、やさしいし、カネもある。将来だって開けてる。よくウチの娘と結婚してくれた、と感謝感激。

「お前くらい幸せもんはいないよ」と、そりゃ大絶賛だった。

私もまさか、それだけの相手と、あっという間に別れるなんてまったく思いもしなかった。

結婚は、してみないとわからないね。好き同士でくっついたって、そこに向こうの両親が絡んで来ると、それだけじゃすまなくなる。

実は、彼のお母さんは店にも出ていて、一緒に働いていたから、気心はわかっているつもりだった。でも、私が「他人」じゃなく、「嫁」になった途端、

向こうも、

「ウチにはウチのやり方があるから、あなたはそれに合わせなさい」

とガラッと変わっちゃった。もともと三味線の師匠やったり活発な方で、地元の人脈もたくさん持っててすごい人だから。

立川富士見町の家も、お父さんが経営する鉄工所の隣りで、一階は彼のご両親夫婦、二階に私と彼。トイレも台所も一つだけ。

気を遣うなんてもんじゃなかった。毎日がビクビクの連続よ。

マンガ読んでるところをお母さんに見つかったら、「いい年してマンガなんて」と叱られるし、ぬいぐるみなんて、そんな子供みたいなもの捨てなさいともいわれた。洗濯物のたたみ方ひとつとっても、「やり方が違う」と小言を言われる。お父さんの方も、私の作った食事が気に入らなければ、黙っちゃって、そりゃ気まずかった。

だいたい私は、自由自在にやりたい方でしょ、そんな、朝から晩まで身を削るような生活は耐えられない。

ついに我慢が切れたのが、ウチの母ちゃんが家に訪ねてきたのを見た時。父ちゃんに殴られても、泣きもせずにいたようなパワフルで気丈な母ちゃんが、彼の両親に対しては、三つ指ついてへりくだってた。なんか悲しかった。前から母ちゃんには、「玉の輿だぞ。姑さんにツラくあたられても我慢すんだぞ」と言われ続けてきた。でももう我慢できなかった。私だけじゃない、母ちゃんにまでこういう思いはさせたくない、って。

母ちゃんがあんなに気を遣うような家にいたってしょうがない。

一年もたなかった。夜逃げみたいにして家を出たよ。

ピアノの先生始めて、すぐに生徒100人超え

行きつく先は母ちゃんと、下の兄ちゃんが住んでいた羽村の家しかなかった。

私が、いわきから東京に出てきた時に住んだのは東村山だったけど、そのあと、姉ちゃん夫婦が住んでた八王子の家に移って、それから、次は下の兄

ピアノの先生をやっていたころの発表会

ちゃんが羽村に家を建てて住むようになったのよ。

下の兄ちゃんは、兄弟の仲でも、特に母ちゃんおもいで、結婚もしないで母ちゃんの面倒をずっとみてた人。羽村の家も、自分が親の面倒を見るために建てたんだろうと思う。

私も、結婚して立川に行く前は羽村のその家にいたし、別れた後に、まず頼ったのがそこ。

食べていかなきゃならないし、福生駅前の長崎屋で靴下の売り場のアルバイトをやったりしながら、ピアノの先生の仕事もやり始めた。

どうやって生徒を集めたかって、そりゃ心よ心。近所のママさんコーラスの先生やったりして、音楽の素晴らしさを伝えて、ピアノを習えば根性もやしなえるって伝えていった。

もともと私、教える能力には自信もあったし、リーダーシップっていうかな、人を引っ張っていく力も相当なもん。

2~3年のうちには生徒が100人超え。毎日、車で、「今日は狭山地区」「きょうは羽村、福生」なんて、その日のエリアを決めて動き回って、一日に10人以上は教えてた。

幸い、私は動き回ったり、働きづめだったりが、ちっとも苦にならないの。楽しいくらい。ジッとしてる方がイライラしてくる。ウチの母ちゃんは働き者でいつも動き回ってたから、その「血」なんだろうね。

二度目の夫は7つ年下

二度目の結婚は、離婚してから1年もたってなかった。

次の亭主は、スナック「あき」の客だった人なのよ。もう、毎日通ってくるのに、友達もいないみたいで、一人で隅っこに座ってて、しばらくすると寂しそうに帰ってく。

ただ、イケメンで、若いころの少年隊のニッキみたいで、歌がうまいのよ。『夜の銀狐』みたいなムード歌謡歌わせると、キュンとくる感じ。

「あー、この人をどうにかしてあげたい」

なんて母性本能をくすぐるタイプ。

結局、やっぱり私は面食いだってことなんだね。

出身は北海道。医療器具の営業やってて、あちこちの病院にそれを売り歩くのが仕事。最初のだんなと比べたら、カネもなければなにもない。だけど寂しい私の心を埋めてくれた。それで一緒になろうって決めたの。

年は、私の7つも下っていうのが、まともに考えたら、「ちょっと待って」だけど、逆にそこに惚れたかも。

嫁姑のことは、前の亭主の家で懲り懲りだったでしょ。その点で、今度の人は、親御さんは北海道に残ってるんで、トラブルの心配もない。

性格もやさしいのよ。ウチの母ちゃんは、よく
「結婚するなら、子供が生まれた後に、赤ちゃんが夜泣きするのを「うるせー」って怒る男はダメ。「よしよしっ」てあやしてくれるような男じゃなきゃ」

なんて話してたけど、ほんとにその通り。子供生まれた後ですぐわかった。むちゃくちゃ子煩悩なの。子供が泣いてたら、自分は寝ないで、子供が眠るまでずっとあやしてくれるような人。

一度目の「格上婚」で、私、懲りてたからね。母ちゃんが気を使うような相手とは絶対に結婚しちゃいけないって。

ちょうどいいのよ。大人しくて、人が良くて。私も母ちゃんも、一緒にいて、安心できるの。女の幸せっていうのは、おカネがあったり、大きな家があったりすることじゃなく、こうやって、心やすらかに暮らすことなのかもねぇ、なんて思っちゃった。

最初のだんなは私が合わせなきゃいけない立場だったのが、二度目は向こうがすべて合わせてくれる。無理しないで生きられるって、素敵よね。

母ちゃんたちが住んでるのと同じ羽村にアパート借りて、さっそく新婚生活。

すぐに息子の翼が生まれて、年子で娘の舞が生まれた。

ときがわの新居にお引越し

ところが上の兄ちゃんが原因で、私の一家がちょっとした危機になったのは、この二番目のだんなと結婚してしばらくしてだったの。

この上の兄ちゃんてのが、集団就職してすぐに私にステレオ買ってくれたぐらいだから、とっても気はいい人。夏なんか、アロハシャツ着て、サングラスしてブラブラ遊びまわってるみたいな、ちょっとした「お調子モン」。しかもカネにだらしない。

借金したあげく、せっかく下の兄ちゃんが、母ちゃんと住むために買った羽村の家を、勝手に自分で権利書持ってって売っちゃった。まったくしょうもないオッサンだ。

それでも、真面目で温厚な下の兄ちゃんは怒らなかった。「しょうがない。兄貴がやったんだから。オレがなんとかする」って、秩父に近い、埼玉のときがわに家を買って、そっちに引っ越すことにした。で、母ちゃんがいうわけさ。

「どうせなら、晴美も一緒に住むべな」

私は異存はないよ。母ちゃんとはずっと住みたいんだから。ただ、だんながどうかな、と心配したら、あっさり「いいよ」って同意してくれた。

ありがたかったわ。ウチの母ちゃんや下の兄ちゃんと同居じゃ、完全な「入り婿」でしょ。それでもいいっていってくれる男はなかなかいないもの。私が忙しく走り回ってる時に、彼は家事もいとわずやってくれた。母ちゃんとも兄ちゃんともケンカもせずにうまくやってくれる。こんなにいい「婿」はいないね、と母ちゃんもほめてくれた。

家は庭も含めて70坪あって、部屋も6つ。イナカだけど、炭鉱のころのハーモニカ長屋じゃ考えられないくらい大きかった。

それに、イナカなのは、アウトドアが好きな下の兄ちゃんにとってはかえって好都合で、秩父やら奥多摩やらに休みになったら、出かける。一人じゃないよ、母ちゃんも私も、ウチのだんなも、子供二人も、みんな一緒。山登りやったり、キャンプやったり、バーベキューや川遊びやったり。

子供にとっても、自然いっぱいでキャンプが手軽にできる環境って、とってもいいと思わない？　最高のファミリーよ。

家でも、子供の面倒は母ちゃんが全部みてくれたんで、私は何の心配もなく仕事に集中できた。

でも、家族の役割分担について書いた息子の作文では、「ウチではお父さんは仕事をしています。おばあちゃんはぼくらのめんどうをみてくれます。お母さんはゴミ捨てをしています」

ショック〜〜！　子供たちにとって、私がしてる仕事は「ゴミ捨て」だけだったなんて。だけど、子供たちにしたら、ばあちゃんが大好きで、一番だったんだね。

息子と娘

息子の翼は、おおらかでひょうきんで、誰とでも友達になっちゃうような人懐っこい性格の子なの。

それでも、高校入った時は、私を困らせたことがあった。川越工業に入学できたのに、1年で「やめたい」なんて突然、言いだしたんだよね。「学校の勉強なんて、社会に出て役に立たない」って。

「足し算、引き算、割り算、掛け算がわかれば、もう生きていける」

って、本気でやめる気になってた。

こっちは慌てちゃって、わざわざ教頭先生にまで会いに行っちゃったわよ。

そしたら先生が、

「だったら、お母さん、すでに習得した単位がもったいないし、通信教育で高校を卒業するように話したらいかがですか」

クラーク記念国際高校って、通信教育専門の学校を紹介してくれた。

私も、兄ちゃん二人が中学だけで苦労してきたのは知ってるし、「高校は出といた方がいい」って息子を説得して、その学校に移って、高校を卒業させた。あとになってから、息子から、

「お母さんの言う通りにしといてよかった」

と感謝もされた。そりゃ中学だけだと、選べる進路も狭くなるもの。

ただ、高校出たからって、大事なのはその先。いったい何をするかをちゃ

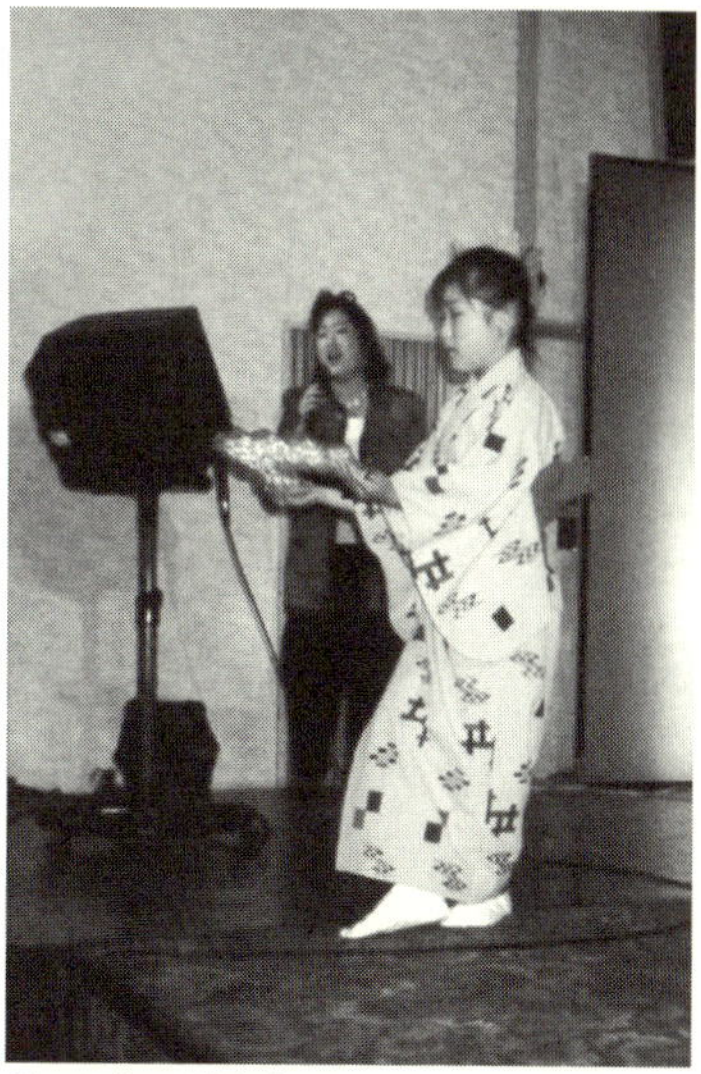
娘の日舞の発表会で。

んと決めなきゃいけないでしょ。私は、こうアドバイスしたの。

「お兄ちゃん、手に職もたなきゃダメ」

ちょうど私の友達が介護施設建てるところだったのもあって、従業員を募集してた。じゃ、資格取って、そこで働けばいいじゃない、と私が言ったら、息子は案外簡単に「やるよ」と応じてくれたんだ。それでさっそく介護ヘルパーの資格取って、働きだした。

ずっと私の母ちゃん、要するに息子にとってはおばあちゃんに面倒見てもらってたでしょ。だから、年寄りと話したり、一緒に暮らしたりするのは慣れてるし、気が合うみたい。

10年たっても、やめもせずに続けてる。

お嫁さんももらって、子供も2人いる。

何年か前、急に、「歌手やりたい」なんて言いだしちゃって、ギターの勉強まで始めちゃったのには驚いた。私の「血」なんだろうな。

しかも、私と同じでシンガーソングライターだから。

介護の仕事はもちろんやりつつ、その合間にライブ開いたりしてる。熱心に音楽理論やコード進行の勉強もしてる。

私の前座で歌ってるの。これがまたなかなかいい声。きれいな声で、「親バカ」みたいだけど、ほんとにいいんだから、ぜひ一度皆さんに聴かせたいね。「天才」晴美ちゃんの息子も、また「天才」なのかもしれないよ。

妹の舞の方は、細かい気配りができる性格。私が、自分の衣装や靴をどこに置いたかわからなかったりすると、「ほら、ここでしょ」なんて、すぐに取り出してくれる。

私には、子育ての理論があって、「なんでもやらしてみよう。そこからきっと道がみつかる」って。だから珠算、習字、絵、英語、ジャズダンス、日舞、と習わせた。

だって、翼という名はどこでも自由に飛べるように、舞というのは、大きく舞ってほしい、って私がつけたぐらいだから。

無駄なことはない。やったことはなにかにきっと役に立つ、ってね。だから舞もいろいろ頑張ってくれた。

勉強もコツコツと真面目にやって、高校も中学から学校推薦で入ったし、大学は、入学金だけ私が出して、あとは本人が奨学金で通ってた。

なぜか、子供のころは警察官になりたい、なんて希望持ってがんばってたけど、今は、リサイクルショップ・チェーンの「ぐるぐる大帝国」って会社で働いている。会社のあり方とか、やる気のある会社とは何ぞやとか、真剣に勉強して、何年か前には店長やったり、最近も、外国に商品の買い付けに行ったり、忙しそうにやってるよ。

今は、入間のアパートで、この娘と二人暮らし。

私は、この娘に救われている。私よりしっかりしていて。反面教師というのか、お母さんがこんなだから、私がしっかりお母さんをみなくちゃ、って思ってくれているのかな。

私のことずーっと見守ってくれて、相談に乗ってくれたり、ばあちゃんが病気で家で寝たきりの時も、仕事をやめて、私と一緒にみてくれた。亡くなった時も、私が仕事で福島に行っていたので、娘が全部やってくれた。

本当にありがたいし、感謝している。

ギャンブルにハマった夫

あれ？ と不思議に思う方もいるかもしれない。娘と二人暮らしって、じゃあ、だんなはどうなってるの、って。

別に隠すつもりはなかったけど、実はね、私とだんなとは、もう子供たちが中学に上がるころだから、だいたい20年くらい前に別れちゃったの。

籍だけは抜いてない。ちょうど娘に警察官になりたい、と聞かされていたころで、その願いを叶えるためには離婚だけはやめとこう、ってだんなと話し合って決めた。

娘、大事だもん。何とかして、邪魔はしたくなかった。警察ってカタいイメージだし、両親が離婚していると、それだけで採用試験に落とされちゃうんじゃないか、って気がしたの。

歌手デビューもした後だったから、たぶん20年くらい前。

住んでいたのは私の兄ちゃんの家でしょ。だからだんなの方が出ていく形になった。

なぜ、模範亭主だったはずの彼がそうなっちゃったのかっていえば、ギャンブルよ。酒も女関係も問題なかったあの人の唯一の弱点がそれ。

競輪、競馬、パチンコ、みんな一通り好きだった。私はずっと「深みにハマらなきゃいいけど・・・」と気にはなってたの。

本人も、「大丈夫だよ。心配するな」と苦笑いしてたのが、日を追うにしたがって、どんどんくらい顔になってく。

ああいうのって、こっちはしばらくわからない。だんなはとっくにサラ金に手を出していたわけだけど、最初のうちはサラ金の方だって、派手な取り立てはやらない。少しでも多く貸し込んで、借入れの元金を増やしていこうとする。

20年前っていったら、サラ金の強引な取り立てが社会問題になっていたころだったけど、会社の方だって、めったやたらと「金返せ」と迫るほどバカじゃない。

ジワジワと利子がかさんでいって、やっと、これじゃとても本人には返しようがない額になってバクハツが起きるわけ。サラ金会社の取り立てが厳しくなって、もう親兄弟や家族に頼るしかなくなるんだね。

うちのだんなの場合も、まさしくそれだった。

ようやくだんなも隠し通せなくなって、私たちが気づいた時の借金総額は500万円を超えてた。すでにサラ金のブラックリストには載ってたみたいで、このままほっぽっといたら利子は増えるばかり。一括で返さないと、どうしようもない。

私、いっぺんに払えるおカネなんてなかった。とりあえず、子供の学資保険おろしたり、北海道にいるだんなのお母さんに相談したりした。「必ずお返ししますから」とアタマをさげて、お母さんに500万円借りて、サラ金に返したの。

1千万返した自分を、ほめてやりたい

だんなの月給に私のピアノ教師の収入を加えても、生活で手いっぱいでとてもお母さんに借りた借金の返済にまで手が回らない。

少しでも収入増やして借金を減らそう、と新聞配達も始めた。朝4時に起きて、バイクの前と後ろに、まだ小さかった二人の子供を乗せて、配達して回る。

私って、たぶん、人より「母性本能」が強いんだろうね。ギャンブル好き

で借金まみれになってるウチのだんな見ただけで、

「この男をなんとかしてあげないと」

と助け船を出したい気持ちがムクムクとわいてくる。そもそも7歳下で、どこか頼りなさそうなところに惚れた弱みもあったかもしれない。

晴美ちゃんは、頑張るよ。それこそ、1日中働きづめ。朝4時の新聞配達が終わったら、家でウチの母ちゃんと掃除、洗濯もする。午後になったら、ピアノの教師として、車で狭山や熊谷や、ときには町田まで、回って歩いて、家に戻れるのは8時以降。寝るのは11時くらいで、また翌朝4時起き。

エラいでしょ、だんなのお母さんにおカネを返した。

ようやく大きな荒波が去って行って、家も壊れなくて済んだ、とホッとしてたら、1、2年もしないうちに、また荒波。

ウチのだんな、もう懲りたろうと安心してたら、ちっとも懲りてなかった。まわりが気づいたころには、また500万円以上の借金を作ってた。

アルコール依存症やクスリの依存症と同じで、ギャンブル依存症も、そんなにあっさりと治るものじゃないんだね。

ガッカリだわ。あんなに頑張って借金返したのに、この人、またなの？　って。

でもね、ここでへこたれてちゃいけない。どうせ、また新聞配達やらやって、返すしかないじゃないの。

だけどどんなにつらくても、子供たちの前でも母ちゃんにも、借金の話はしなかった。

私の子育て理論では、まず決して子供の前でグチは言わない。ましてお父さんはエラいんだぞって思わせたいから、夢をこわすようなことは言わない。だから、仏壇に向かって、子供が寝静まったころ起きだして、泣きながら父ちゃんにグチこぼした。

すると不思議なの。ブツブツいっているうちに心が晴れてきて、「誰を責めてもしょうがない。悩んでるのは私、だから自分でどうかするしかない。私にかかった火の粉は自分で払わなくちゃ」と、すごく前向きに、元気になってくるの。仏壇に向かうって、自分に向かうことなんだわ。返したわ、しっかりと。1回目とあわせて1千万円。よく生活もやりながら、借金を払いきった。

自分で自分をホメてやりたいね、ホント。

今度会ったら、やり直しちゃうかも・・・

まあ、そこですめばよかったのに、心配してたことがやっぱり起きちゃった。3回目。

もう、どうしようもないよ。「2度とするんじゃないよ」と2度目の返済が終わったあとに、厳しく言い聞かせたのに、やめられなかった。

ちょうど私が歌手デビューをしたばかりで、家を空けて、マネージャーやってくれた男の人たちなんかと、あちこちキャンペーンで出歩くようにもなっていたから。

それで寂しさや焼きもちもあったりして、またギャンブルにのめり込んじゃったのかもしれない。

「仏の顔も3度まで」のことわざはあっても、私も、さすがに三度目は腹に据えかねて、北海道のお母さんに相談したら、しみじみと、

「晴美さん。もうウチの息子は諦めてもらっていいよ」

って。泣けてきた。母親にそこまで言わせちゃいけないね。

ついにウチの母ちゃんの耳にも入れたら、怒ったね。「あんたなんか、出てけ！」になっちゃった。あんなに仲のいい婿と姑はいないくらいだったのに。

もう、出てってもらうしかなくなっちゃった。

「わかってるよね」「わかってる」って、出て行ったよ。

それから20年、顔を合わせたのは一回きり。ウチの母ちゃんの葬式の時だけ。もう、来るなり、人目もはばからずに泣き出して、全然泣き止まないの。あの人なりに、ウチの母ちゃんのことが大好きだったんだよね。こっちもも

らい泣きしちゃった。

一度だけ、向こうから電話があって、話もした。確か子供の進路の相談だったと思う。電話の最後でさ、

「いつでもオレは応じる」

ってしゃべりだしたの。

「やり直してもいいよ。許してくれるなら。オレは女作る気もないし、息子も娘も大好きだし」

わかってるんだ、私のこと、ずっと好きなんだね。今でも、たぶん変わってないと思うよ。ずっと八王子で一人暮らししてるみたいだし。

私も、ちょっと反省してる。ひょっとして、私が頑張りすぎて、あの人の借金を肩代わりしたのがいけなかったのかもしれない。依存心ていうのかな、「晴美ちゃんに任せておけばいいや」って気持ちになって、逆にどんどんギャンブルにのめりこんじゃったのかな、とか、「オレは女房に迷惑かける情けない男だ」って気持ちからもっとギャンブルに向かっちゃったのかな、って

思ったりする。

だって、私と別れた後は、もうギャンブルに深入りしてないみたいだから。

実は、子供たちとだんなはちょくちょく会ってるの。もう、ずっと仲良しで、子供は、いろんなこと、相談してるみたい。子供たちにとっては、ずっと「いいお父さん」なの。

じゃ、晴美ちゃんもまた会ったらどうだって？

そりゃダメよ。今度会ったら、「よし、やり直そう」って、また私がメンドーみちゃうかもしれないでしょ。そしたら、あの人、またギャンブルやりだすよ。

第三章　元気オバチャン、シンガーソングライター演歌歌手に！

バス旅行からプロ歌手の道へ

歌はずっと歌っていた。でも「仕事」じゃなかった。あくまでも、好きだから歌ってただけだったの。

子供だって育てなきゃいけないし、仕事の方も目いっぱいだったし。私はどんなことでも手を抜けない人間なの。だから、100%突っ走っちゃう。それに、とにかく二度目のだんながまた、あんまり生活力ないタイプだったでしょ。私がどうにかするしかないじゃないの。

「プロの歌手」になりたい、なんて、まともに考えたこともなかった。やりたいけど無理、じゃなくて、想像もしてなかったの。

ところがまったく、不思議な縁があって、40歳から「プロの歌手」への道を歩みだすことになったのよ。

キッカケは、バス旅行だった。娘が日舞を習っていて、群馬の四万温泉で

40代CDデビューごろ

「浴衣ざらい」があったわけ。「浴衣ざらい」っていうのは、日頃のけいこの成果を見せる、つまりは発表会ね。

それでみんなで会場までバスで行って帰ってくるんだけど、バスっていったら、みんなでカラオケ歌ってわいわいやるじゃない。私も一曲歌うはめになり、坂本冬美さんの『祝い酒』を歌ったの。

そしたら同じバスに乗ってたオバサンから声かけられちゃった。

「あなた、うまいわ。私の知ってる作曲家紹介するから、一緒に行こう」って。埼玉県熊谷の、その作曲家の先生のお宅に行ったわけ。名前は野村みつお先生。

宮城県出身で東北同士だし、とっても人柄のいいオジサンだったから、私、すぐに馴染んじゃった。それで、私がずっとピアノ講師してる話したら、「じゃ、私のカラオケの生徒たちを教えてやってくれ」

教わりに来たつもりが、その場でカラオケの先生やることになっちゃった。

背負い込んだ借金1千万

P盤歌手って言葉、知ってるかな?

Pっていうのは、「プライベート」のことで、P盤歌手は「自費でCDを作って出す歌手」のこと。野村先生の事務所には、そういうP盤歌手がたくさんいた。

それで、先生の勧めでいろんなカラオケ大会に出てみることにした。

もう、連戦連勝。やっぱり私は「天才」だった、とまた思っちゃった。埼玉新聞社主催のカラオケ大会でも、東京の大会でも優勝したし、名古屋の、応募者４千人の大会でも勝っちゃった。審査員長は石本美由紀先生っていう、ひばりさんの曲も作った有名な作詞家だったよ。

歌ったのは、高橋真梨子さんの『for you・・・』。こういう曲も得意なんだ。

野村先生からは、大きいカラオケ大会で勝ったらデビューする約束をしてて、さっそく話がトントン拍子にまとまった。

芸名も、本名の「晴美」はそのままに、「晴れて美しい太陽のように明るく輝く」っていう気持ちを込めて「紅」にしたの。これ、自分で考えた。

平成7年、野村先生に曲を書いてもらって、出来たのがデビュー曲の『雪の里』。

そりゃ、嬉しかった。Ｐ盤ではあっても、ポリドールって立派な会社から出してもらったし、私の歌がＣＤになるだけでも、カンゲキよ。レコーディングは、わがまま言わせてもらって、フルオーケストラでやってもらった。私は音楽でケチるのは大っ嫌いなの。アレンジャーも前田俊明先生。すごくおカネかけてもらった。

でも、そのあとは、ツラい思いの連続。事務所にいわれて、連日、営業やキャンペーンの繰り返し。ラドン温泉でツーステージやって、そのままスナック何軒も回ったり。2年で20キロはヤセた。見せてあげたいね、その時の写真。すっかりスマートよ。晴美ちゃんじゃないみたい。

ギャラっていっても、事務所が受け取った額の3割ぐらい。とても時間がないから、ピアノの教師はもうやめちゃったでしょ。野村先生のカラオケ教室で教えてるといったって、そんなにやれるはずがない。だから生活費もあまり稼げない。

その上、まだ2番目のだんなの借金も残ってたから、もう行き止まり状態。どうしようもないんで、野村先生に言ったの。「事務所をやめさせてください」って。こんなに厳しいんなら、一人でやった方がいいな、と思ったから。

ただ、『雪の里』を出した時に、その制作費は先生に立て替えてもらってた。これがまた500万円以上はあったのよ、フルオーケストラ使ってるし。その分も背負い込まなきゃならない。だんなの借金と合わせたら、1千万円以上になっちゃった。もう、こうなったら、作ったCDを売るしかない。手売りで売りまくった。1万枚以上は確実に売ってる。

「桜梅桃李」の生き方

ときがわの家に「サンプロ紅音楽事務所」を立ち上げて平成9年に出した2枚目のCDが『行ってらっしゃい男船』。有名な弦てつや先生の作曲で。今度はキングレコードから出したの。

P盤だもん、これもまた借金。

キングみたいな大手は、3千枚以上じゃないと作ってもらえないし、作っても宣伝してくれるわけじゃないんで、私が手売りで売り歩くしかない。

P盤歌手は、みんなそうなんだけどね。めげなかったよ、私は。独立して身軽になったから、かえってノビノビできたんで、売りまくった、1万枚は。

CDのキャンペーンで走り回りながら、カラオケの先生も続けてた。ときがわに来てくれていた生徒もいたし、私も出張で教えて歩いてた。フル回転よ。借金がかえって私の原動力になってたんだね。ドンとこい！ってなもん。

カラオケの生徒も増やしてってたし、キャンペーンは次から次へとやった。最初の『雪の里』の時は「やらされてた」のに、今度は自分から進んでやってたんで、気合いが違う。

キャラクターも変えていったのよ。

野村先生の事務所にいたころは、「晴美ちゃん、決してしゃべらないように。品よく品よく」といわれて、「紅晴美です」と丁寧にアタマをさげるみたいな。

「こんなの、本当の紅晴美じゃない」

って葛藤しながら、なかなか自分を出す勇気がなかったんだ。

その時、私を変えてくれた名言「桜梅桃李」の言葉は、私の生き方を照らしてくれたわ。

藤あや子さんの花、伍代夏子さんの花。私は私の花を咲かせればいいんだ。人間生まれてきた時から、それぞれがそれぞれの色、形、匂いを持って、生まれてくる。だから誰のものでもない、自分は自分の花を咲かせればいいって。

これすごいよね。今までのもやもやが、いっぺんにふっとんじゃった。もう、誰のことも気にしないで、思う存分、やりたいようにやろうって。

「光り輝いてるよ」なんて言いながら、一番前に座ってる、ハゲのおとうさんのアタマ触ったり。

怒ってかえっちゃうかなと思ったけど、でも、かえって喜んでくれる。客席もハジケるように大笑い。

ああ、これでいいんだ、って確信した。

「オバちゃん、いい女なんだけど、残念だね、顔が。ガッハッハ」

なんていうトークが、またウケるの。ようやく事務所ストレスがなくなって、リバウンドした私の体も、十分にネタになる。

「さ、次に歌うのが、私のデブー曲、あ、間違った、デビュー曲です」

なんつって。これがまたウケるんだ。「晴美ちゃんの歌が好き」ってファンだけじゃなくて、「トークも好き」っていってくれる人がどんどん増えた。

ようやく2年以上かかって、ほぼ借金が払い終わったくらいになったら、また次の曲。

平成12年に『明日花』を出したのよ。岡千秋さんの作曲で、12人のP盤歌手が競作するプロジェクトが立ち上がってて、それに私も参加した。

ここでもまた借金。他の人に負けてたまるか、と闘志メラメラで、借金なんて、あんまり気にもならなかった。

ラジオ福島から声がかかる

この『明日花』を出した直後に、私の人生を変えるような大きなチャンスがやってくるの。

ラジオ福島で、『さわやかマイタウン』ていう番組があって、その中に新人歌手を出すコーナーがあったのよ。急に出るはずの人が、親御さんが亡くなったとかで出られなくなっちゃって、じゃあ誰かいないか、とめぐりめぐって私のところに話が来たの。初めての、故郷・福島での仕事。うれしかった。

行ってみたら、担当の飯田ディレクターが、きょうのゲストが私だって気づかない。だって、普段はウイウイしい新人のコが来るのに、いきなり40代半ば過ぎのオバちゃんでしょ。

「あの、歌手の方は、どちらに？」

聞かれた私が、「はい、私です」と答えたら、明らかに飯田さん、「困ったなー」って顔をする。あんなに露骨にガッカリしなくてもいいのにね。

でも、番組の中で、歌って、話もしたら、飯田さんの態度がガラッと変わっちゃった。

「こんなにうまい歌手はいないですよ。トークだって面白いし。紅さん、ぜひあなたをメインにした番組考えますから、待っててください」

そんな言われ方したら、嬉しくないはずはないでしょ。けど、どうせ一回きりのゲストだし、「お世辞」も入ってるんだろうし、私の番組が実現するなんてないだろうな、とあんまり期待はしてなかった。

予想してた通り、その後、しばらく連絡は一切なかったの。「あ、やっぱりね」と、私もすこしずつ忘れかけてたくらい。

確か7ヵ月くらいたってから。飯田さんから突然、連絡があって、

「ぜひ会ってもらいたい人がいる」

っていうわけよ。その人が昼間、ラジオ福島の帯番組『かっとびワイドほら出たカガちゃん』をやってたアナウンサーの鏡田辰也さん。つまり「カ

ガちゃん」。

会ったらたちまち意気投合よ。

「わー、大物歌手っていうより太物歌手」

「なにいってんのよ、見かけはデブでも、けっこう動きはいいんだ」

なんて掛け合いがごく自然に出来る関係になっちゃった。それですぐ週一回の火曜日の午後1時から3時まで、私がパーソナリティとして、『かっとびワイド』でカガちゃんと一緒にやることになった。

もう中身は夫婦漫才みたいなもの。カガちゃんが、

「相変わらず、顔はまずいけど歌はうまいね」

「花粉症の季節になったけど、ここは杉じゃなくて、ブタクサの花粉がいっぱい」

なんて私をツッコむから、

「まったく、ホントは晴美ちゃんに惚れ込んでるくせに。無理すんでねぇの、ガッハッハ」

なんて言い返すの。

楽しいよ、火曜日が来るのが待ち遠しくなっていったくらい。

私を救ったカガちゃんの言葉

ラジオ出演でたちまち火がついて、晴美ちゃん、福島一の人気者に、なんて話になったら世の中は苦労ない。

そうは簡単にはいかなかったね。

東京あたりに比べると、福島のラジオの影響力はとても強い。農家が多いでしょ、りんごや梨や米を作りながら、毎日、欠かさず聴いてくれてる人が多い。それも、中高年の人が多いんだ。

そこへ私が「ガッハガッハ」って大笑いしたり、「いいね、そのとーちゃん、輝いてるよ、アタマが」なんてやったりすると、苦情の嵐なんだ。

「あのバカ笑いをやめさせてくれ。うるさい」「品がなさすぎる」「お年寄り

ラジオ福島　カガちゃんと

に対する尊敬の気持ちがなさすぎる」「常識を知らない」・・・・。

ありとあらゆる非難の声が局に来たらしい。

私、局長に呼ばれて、言われたもん。

「このままだと降りてもらうことになりますので、注意してください」

と。こっちだって、どうしたらいいかわからない。前みたいに、また大人しいキャラに戻ったら晴美ちゃんじゃなくなるし、今さら戻れもしない。

降ろされても文句はいえない、と覚悟した時に救ってくれたのがカガちゃんだったのよ。

局長さんに、こう言ってくれたの。

「局長、今はこの人のしゃべりがヒンシュクを買ってるかもしれませんが、必ず僕がダイヤモンドにしてみせます。もしこの人をやめさせるんでしたら、僕も番組やめます」

って、言ってくれた時は、この人、見た目はオネエでも中身は男だわ、とびっくりした。泣けたよ〜。

わかってくれてたんだね、カガちゃんは私が「天才」だってことを。

結局、タイトルが『気分上々！ カガちゃん一座』に変わっても、ずっと出演が続いて、13年通った。

あの時、カガちゃんが私を助けてくれなかったら、もう私は誰にも知られずに細々と歌を唄っていたか、ＣＤだすのもやめて、ピアノ教師に戻っていたかもしれない。

感謝感激雨あられ！　カガちゃん、本当にありがとう。

ラジオの力はすごいよね、どんどん知名度が出て、「さくらまつり」に出演したら、私が出るっていうんで、ズラッと100人ぐらい並んで、ＣＤ買ってくれた時は、うそッ～！　自分のほっぺをつねってみたくらいだった。だんだん私の「ハッチャケトーク」も認知されるようになったんだね。

故郷の地で生まれた『じゃんがら恋唄』

東京のニッポン放送を中心に、クリスマスのころに毎年やってる『ラジオ・チャリティー・ミュージックソン』。それに初めて出演させてもらうことになったの。感激したわ。

それがなんと、常磐ハワイアンセンターからの中継なのよ。久しぶりのいわきに天も喜んでくれたのか、虹が出ていた。足をのばして、生まれ故郷のハーモニカ長屋のあった場所に行ってみた。30年ぶりくらいかな。

なんにもないの。ただの草ぼうぼうの空き地。

ほんとになんにもない。共同風呂も長屋も。その跡もぜんぜん残ってない。たった一つ、朽ち果てたバス停だけ。

あーあ、故郷がなくなるってこういうことなんだな、と唖然としてたら、ワアッ〜っと胸が痛くなり、涙が出てきて、それを待っていたみたいに雨が降り出してきた。でも、立ち去る気にはなれずにそのまま立っていたら、雨が上がって、また虹が出てきたの。

「私の故郷、どこに行っちゃったんだよ」

何度も何度もつぶやいているうちに、突然、聴こえてきた気がしたんだな、「じゃんがら」の音が。

「じゃんがら」っていうのは、いわき一帯じゃ、お盆や葬式になると、鉦や太鼓を打ち鳴らしておどる、供養の歌。子供のころは、誰かが亡くなったりすると必ずこの「じゃんがら」をやっていたから、もう私にとっては、故郷の音っていうと、そのまま「じゃんがら」につながるんだよね。

幻になった故郷に立って、私は、その時、「じゃんがら」を聴きながら、故郷の葬式に立ち会っている気分になっていった。

降ってきたんだ、歌詞とメロディーが。ハーモニカ長屋も、ケンカばっかりしてた父ちゃんと母ちゃんも、ボタ山も、お祭りのヤグラも、みーんな「じゃんがら」の音と一緒にありありと目の前に浮かんできたんだ。

出来上がったのが『じゃんがら恋唄』よ。

自分で作詞、作曲したのは初めて。いってみれば「シンガーソングライター」紅晴美の誕生だね。

また借金背負いこむのはわかってた。でも、この曲ばかりは、絶対に残しておかなきゃ私の気がすまない。

そりゃ作るよ、音楽となったらカネにいとめをつめない晴美ちゃんだもの。どうせまた、作ったら、売って歩けばいい。そのくらいの覚悟がなくちゃ、生きてる意味がないよ。

ケンカ友達の松井さん

妥協はしない。

レコーディングでも、私はあの「打ち込み」の音ってイヤなんだ。しっかり生演奏にこだわりたい。

「売れてるわけでもないんだし、そんなに頑張る必要ないじゃないか」そういう声もあった。でもさ、音にこだわるってのには、「売れてる」「売れてない」は関係ないでしょ。

ましてや今度の『じゃんがら恋唄』は、私が初めて作詞も作曲も手掛けた。力が入らないはずがなかった。

今度は、クラウンレコードで出すことになって、編曲は元クラウンの社員だった松井タツオさんて方にやってもらったの。

いきなり、この松井さんとケンカよ。どの楽器を使うかで大モメになったり、こんなアレンジじゃいやだなんていったり、って今考えるとこわいくらい。

松井さん、相当アタマにきたんだろうね、途中、

「いいです。わかったから、他の人とやってください」

と怒られる始末。だけど松井さんはすごいよ！　ぶっつけ本番での録音の時、初めて聴かせてもらったら、すごいのよ。すばらしい〜！　トリハダもん。抱き合って喜んじゃった。

これがキッカケで、すごく仲良くなっちゃって、その後も、編曲は松井さんにお願いするようになったの。人の出会いって不思議だよね。

母ちゃんの死

母ちゃんが死んだ時、胸にぽっかり穴が開いたままで、悲しくて悲しくて涙が止まらない。毎日毎日、泣いてばかりいた。

どうして涙が止まらないんだろう、そうだ、かれるまで泣けばいいと思った。

そんな時、新井満さんの『千の風になって』を聴いて癒された。母ちゃんは死んでないんだ、いつも私のそばにいてくれて、風になったり、鳥になったり、星になったり、雪になったりして、いつも見守ってくれているんだ、と思ったらうれしくなった。

そして出来上がったのが『涙がかれるまで』。そして『千の風になって』をカバーして平成19年にラジオ福島から『Love Songs』を出すことが出来た。

私の子供たちの子育てが終わってからの母ちゃんは、思いのままに生きていた。好きな酒を飲んで、福島の仕事もずーっとついてきてくれた。はじめ、知名度がない時、お客様が少ないと「かわいそうにな。晴美にいつか、いっぱいのお客様が来るといいな」と泣いていたが、みるみる人気が出てきて、毎回、私が楽しそうにしているのを見るのが好きだった。

がんになっても、疲れた顔のお医者さんに、

「オレのがん治すなら、クマ出来た顔じゃだめだぞ」

エッ！　そこかよ！　母ちゃん。うちの母ちゃんすごいわって思った。どんな治療受けても痛い、苦しいって弱音は吐かないし、なんでもやってくれっていうんだ。私の母ちゃん強いわって感動した。

そんな母ちゃんが子宮がんになり、先生から「前川さん、もう末期がんなので、手術できません。放射線治療にします」と宣告された時、私の方がおうおう泣いてしまったのに、母ちゃんは毅然として、「病院より、家で死にたい」って。

最後は、ウチで寝たきりで過ごして、私と娘が介護した。五木ひろしさんが大好きで、「晴美、一緒の舞台に立てよ」が口ぐせだった。

幸せだったのかな。ビンボーして、父ちゃんとケンカばっかりして。何十年も住んでた炭鉱を離れなきゃならなくなって。ただ、下の兄ちゃんが最後まで一緒に暮らして面倒見てたんだから、幸せな晩年だったと思うよ。

『涙がかれるまで』のころは、ラジオ福島に出演させていただいたおかげで、

ＣＤの売れ行きもずっと順調だったし、カラオケの先生でもそこそこ収入があって、借金は全部終わってた。

エラいでしょ、晴美ちゃん。合わせて1千万、2千万とあった借金を返した上に、娘の大学の入学金は払ってんだもん。我ながら、よくやったと思うよ。ただ、母ちゃんのお葬式の時に預金通帳を見たら、残金は60万円。これが全財産だった。だからお葬式も、とても普通にはやれない。カラオケの生徒さんや、友達や、まわりの人たちにボランティアで料理作ってもらって、心に残る式ができた。

いつの間にかマネージャーになってくれた民生ちゃん

今、マネージャーをやってくれている小金丸民生ちゃんと知り合ったのは、もう20年くらい前になる。

民生ちゃんは、もともと第一興商の代理店やってる大和音響って会社の社長さん。東京や北関東なんかで、スナックやクラブとかにカラオケ機器のリースをしてる。一番多い時では750軒くらいの店を得意先にして、従業員も30人くらいいた。ウチの上の兄ちゃんも、民生ちゃんの会社の社員だったの。ここがすごい縁だよね。

だから、兄ちゃんが「妹が歌手になったのでよろしくお願いします」とCDを渡したのがきっかけとなって、まず紹介されたのが福生のナイトラウンジだった。80人くらい入る、そこそこ大きな店。

もう私も、独立したばかりでハッチャけ丸出しだったので、不動産の社長だろうがなんだろうが、手を振り回したりアタマを触ったりで、民生ちゃんには、

「小金丸は　カネ持ちだ　カネグラたてた　蔵たてた」

なんて替え歌やった。民生ちゃん、本気でムッと来たらしいけど、お客さんとのトークで、表面はずーっと笑ってた。

それから、私のイベントにはよく顔を出すようになってた。ハマっちゃっ

たんだよね。

でも、民生ちゃんの会社の社員にとっちゃ、許せなかったかもしれない。社長のくせに、会社を放り出して、「売れない歌手」のマネージャーでくっついてるんだから。

だから聞いたわよ、「なぜここまでやってくれるの？」って。そしたら、「お前は絶対に大物になれる。それをぜひ手助けしたい」

たぶん民生ちゃんも、歌が好きだったし、そういう世界で、夢を実現したい気持ちがあったと思う。自分の手で一流歌手を育てたい、みたいな。

そのうち、会社の方の得意先は、社員に分けて、自分は20軒くらい残して、あとは私のマネージャーとしてやってくれたの。ありがたいね。

ラジオ福島に通ってる間も、ずっとついて来てくれてるし、きっと、もう私がどれだけ輝くかを見るのが一番の楽しみだったんだと思う。

それから2人の夢はひとつになった。いつか必ず有名になる、有名にするって、ずーっと頑張ってきた。

今、ひとりのマネージャーだけでは手が足りない。事務局の我妻寿佐子さん、宣伝の後藤康雄さん、衣装担当の由紀さん夫婦の頑張りで、これからももっともっとパワー全開で前に進みます。よろしく！

歌をカネ儲けの道具にするのはイヤ

無償で支えてくれる人たちの応援はとてもありがたかった。

ずっと売れないP盤歌手で10年以上もやってきて、それが私にとっては大きな支えになっていた。

あと、やっぱり続けた理由は「夢」だったんだろうな。いつか私の歌を、もっともっと多くの人たちに届けたい「夢」。それが私をフンバラセたんだろうと思ってる。

でも、挫けそうになったことも、やっぱりあった。

なぜか、借金でとか、ビンボーのあまり、とか、そういうおカネの問題で「もうやめたい」と落ち込んだことはなかった。もともと、炭鉱のビンボー人の娘だし、家におカネがないのは子供のころから慣れてる。

いい曲が作れない、とか、それもない。私は歌を歌ってさえいられれば楽しいし、曲は自然に浮かんでくるのをまとめていけばいい。

いつまでたっても売れないのを、そう気にした覚えもない。この世界に入っただけでも予想外の上に、ラジオ福島にレギュラーで出演できるなんて、もっと想像もできなかった。40歳でデビューして、オバサンの割にはよくやってる方だよ、と本気で考えていた。

どうもイヤだったのは、音楽を愛してるっていうより、おカネ儲けの手段として歌の世界にいる人たちが少なくないこと。

大御所といわれる、ある作詞家の先生と、つい本気でケンカしちゃったことがある。

その先生は、とにかくいっぱいP盤歌手を作るので有名で、どんなにヘタな人でも、おカネさえ出せればデビューさせちゃう。ヘタな人を「うまいよ、なかなか」とおだてて、調子に乗せるのが、どうにも許せなかった。それで、「何でヘタな人たちを歌手にするんですか？」

とつっかかっていったら、先生は正直に、「カネ儲けだよ。歌はヘタなほうがいい」なんて。

ムカッと来ちゃった。こういう先生におだてられて、その気になってデビューしちゃう人、たくさんいた。だまされて、コツコツためたおカネを出して夢見せられて。

とてもイヤだった。カラオケを愛したり、音楽を愛したりはとてもいいことだと思う。でも、それを利用しておカネ儲けだけ考えている人がいるのが、どうしても許せなかった。

字のヘタな人に書道家はいないし、絵のヘタな絵描きもいない。それなのに・・・。もうこんなところにいるの、やめちゃおうかな、と本気で悩んだ。

そんな時に、また大きなチャンスが来た。

「ほほえみの月」の翌日の出会い

私の噂が、いつの間にか独り歩きしていたのよ。

「福島に、P盤歌手のくせに一曲で1万枚くらい売るオバサンがいる」

「福島では知らない人はいない」

「演歌歌手なのにシンガーソングライター」

「自分の故郷を唄った『じゃんがら恋唄』は、ホントに泣ける」

まあ、いろいろあったの。

それを聞きつけたのがビクターの中村さんてディレクター。東北地区を担当していて、カガちゃんとも仲良しだったから、すぐに相談したみたい。

「紅晴美って、イケるかな?」

「大丈夫。絶対にやれる」

なんてね。さっそくビクターの三枝会長に話してくれて、会うことになった。

平成20年の秋。会う前日は、「ほほえみの月」っていって、木星と金星が人の顔の目の位置に揃って、月が三日月で口の位置に来てて、まるで、夜空で微笑んでいるように見える特別な晩だった。

「なんかいいことがありそう」

私も確信しちゃった。

行ってみたら、中村さんと三枝会長だけじゃなくて、もう一人、オジサンがいたの。それが、ななーんと！　安室ちゃんを育てたので有名な平哲夫さんだったのだよ。

GReeeeNて、有名なグループがあるでしょ。そこのメンバーの方に平さんが直接聞いたらしい。「紅晴美って知ってるか」って。すると「福島では知らない人はいないですよ」だって。その言葉に、一度見ておきたい、とやってきたらしい。

三枝会長は、もう『じゃんがら恋唄』を聴いていて、最初はその曲を、誰かメジャーな歌手に歌わせるつもりだったみたい。

「この曲は素晴らしい。ぜひ、ください」

だったのね。私も、異存はなかった。誰が歌うにしても、私の曲が大きく広がるのはとてもいいことだし。「でも・・・」と私は続けたの。

「他にもいい曲作ってます。ぜひそれも聴いてください」

死んでいった愛する人をしのぶ『涙の岬』をその場で歌った。これも亡くなった母ちゃんに捧げた歌。『涙がかれるまで』と一緒に出来た曲だけど、あっちがポップスなら、こっちはとことんド演歌。

すぐに平さんが、「あんた、いい曲作るね」と反応してくれて、

「本人に歌ってもらってメジャーデビューでいいじゃない」

と言ってくれた。

「紅さん、すごいことになっちゃったよ！」

って、中村さん。

やっぱり、晴美ちゃんのスゴさは、わかる人にはわかるんだねぇ。

平さんは「太物」じゃなくて「大物」

ジャジャーン！　ついに平成21年4月、55歳にしてメジャーデビューよ。

しかも、ポップス系ばっかりで、演歌歌手なんて所属してなかった平さんのヴィジョンファクトリーが業務提携してくれたの。

さらにさらに、平さん、マネージャーも今まで通り、民生ちゃんがやればいいし、活動についても細かく口を出したりしない、っていうわけ。

「ずっとマネージャーと二人でやってきたんだろ？」

「はい」

「だったら、そのまま二人で頑張れ。こっちは食えるようにバックアップするだけだ」

カッコイイよね、平さん。

まずは『涙の岬』を出して、その3か月後には『じゃんがら恋唄』を出してくれた。

また、その『じゃんがら恋唄』を出した時には、私は歌手としては「反則」かもしれないことをしちゃったの。

ビクターの方で、有名な編曲の先生を頼んで、レコーディングまで終わっちゃった。でも、出来上がりを聴いていて、私はどうもピンと来ない。「イメージ違う。やり直したい」と言い続けたけど、ビクターの人だって、対応できないよね。もう録音も終わってるし、「今さら、無理いわないで」ってなもんよ。

ダメもとで平さんに相談したら、

「紅、カネはいくらかかってもいい。自分のやりたいようにやれ」

オトコだねぇ。また、それですぐにやり直しが決まって、私は、ずっと一緒にやってきた松井さんに来てもらって、アレンジをしてもらった。ほんというと、ビクターは名門だし、別の会社にいたアレンジャーはなかなか起用しないのに、ＯＫになっちゃった。

今でも、ビクターの皆さんにはご迷惑かけたな、とは思ってる。ただ、せっかくメジャーでＣＤを出せるのに、ここで中途半端には妥協できなかったんだ。

また、その気持ちをしっかり受け止めてくれる平さんは大物だよね。「太物」じゃないよ、「大物」。

おかげで、デビューした年にＮＨＫ『歌謡コンサート』にも出演出来た。それも、母ちゃんがずーっと夢みていた五木ひろしさんのとなり。

霊感のある人がテレビ見ていて、

「あなたと五木さんのうしろで、満足そうにオバーチャンが立ってたよ」

よかった、よかった、ようやく母ちゃんを喜ばしてあげられた。

いつでも私を見守ってくれている母ちゃん、ありがとう！

ニッポン放送では即興生唄

転がりだすと、みんな、いい方いい方にいく。

ニッポン放送から声がかかったのはメジャーデビューの翌年。あるレコード店のキャンペーンをラジオで中継するというコーナーで、私のうるさいしゃべりを聴いて「オバチャン、面白い！」って。

言いたいこと言って、笑って、歌って、やってるのはいつもと同じ。もう、ラジオ福島じゃ、9年続けてるベテランだからね。

「上からサイズは100、100、100。西の女王が天童よしみさんなら、東の女王はズンドー晴美。ガッハッハ」

なんつって。ニッポン放送プロデューサーの白川陽子さんが、私を気に入ってくれた。

呼ばれた番組が『上柳昌彦　ごごばん！』。昼の1時から5時まで。月曜から金曜まで帯でやっている番組で、パーソナリティは上柳さんで、曜日ごとにパートナーが変わる。

メンバーをみたら月曜の島崎和歌子さんをはじめ、みんな名前の通った全国的なタレントなのよ。そこに、福島限定の私が入るってありえないことが起きた。

もっとも、最初は、リスナーからは「なんだよ、ただガハガハとバカ笑いするオバサンは」「正直、うるさい」なんて声が多かったみたい。だけど、上柳さんとニッポン放送アナウンサー・増山さんの品のあるしゃべりに救われた感じ。

番組の中の、即興生唄コーナーを聴いて、私に対するイメージが変わったっていう人もいっぱいいいた。

リスナーから来たお便りをもとに、その場で作詞作曲をしてピアノで唄ったの。子育てで苦労してきたお母さんの歌とか、嫁姑のことで悩む女性の歌とか、たくさん歌った。

こういうのは、二度の結婚で姑やだんなに苦労させられた私がぴったりだったわけ。

この番組の出演は1年だったけど、『あなたとハッピー！　外はおまかせ』っていう午前中の番組にも出させてもらった。

この番組もすごく楽しかった。パーソナリティのカッキーとのやりとりも面白かったし。

中継コーナーで、お客さんの前で歌うの。

これで、晴美ちゃんの魅力は福島だけじゃなくて、東京、千葉、埼玉、神奈川と広がっていった。歌ってよし、しゃべってよし、笑ってよし、と。

『ごごばん！』に出るようになった年に出したCDが『あんた』。お世話になった福島のご夫婦がモデル。ご主人はJAのサラリーマン。真面目一方の人で、奥さんはご主人が出勤する時も布団の中で寝てるし、うるさいし、がさつだし、「ネー、奥さんとどうして一緒にいるの？」とつい聞いちゃった。するとご主人、「俺がいなきゃ、誰が守るのさ」だって。

訊くだけヤボだった。

人にはわからない奥さんの良さを誰よりも知っているんだね。

『あんた』は、USEN演歌部門で一位になっちゃった。

中学の同窓会はスパリゾートで

目標っていうのか、私には、ラジオ福島に出るようになってから、ずっと実現させたいことがあったの。

中学の同窓会。

中学出てすぐ、炭鉱が閉山してみんなバラバラになっちゃったでしょ。故郷が一瞬でなくなるってツラい思いをしたのは、みんな一緒。これだけ強烈な同じ体験を持った仲間はいないのに、誰がどこにいるのか、なかなかわからない。

寂しいよね。何とかしたいと思うじゃない。もう一回会って、昔の話を笑いながらやりたいじゃない。

ラジオに出たり、ＣＤ出したりしている理由の一つとして、いつもこれはあったの。私が少しでも名を知られれば、いろんな人から情報が集まって、いつか同窓会が出来る日がくるんじゃないかって。

ラジオ福島でも、呼びかけはずっとやってたよ。

「いわき市湯本二中の卒業生の人たち、聴いてたら私に連絡してよ!」

一年目はほとんど反応がなかった。でも何年かやってると、ポツリポツリと情報が送られてくるようになるの。

びっくりするようなことも出てくる。ある時、私の福島市の後援会支部長やってくれている花屋の佐藤さんの店で働いていたのが、中学の吹奏楽部の部長だった鈴木くんだったってわかったり。

佐藤さんから電話があり、「晴美ちゃん、いわきの湯本二中卒の人が今、ここにいるけど、しゃべる?」「うん、しゃべる」って、そして出たら鈴木くん。うそ〜!　って感じ。

「エー!　そんなことってありぃ?」

な出来事がいくつもあった。小野町の千本桜でキャンペーンやった時、あんのおにぎりをもらった泰子ちゃんが目の前にいるのにはびっくりした。

そういった輪が広がっていって、ついに平成23年2月26日に、念願の同窓会が開かれた。場所はもちろん、かつての「常磐ハワイアンセンター」。もう名前は「スパリゾートハワイアンズ」には変わっていたけど、出席した誰もが忘れられない思い出を持った場所。

ここしかない！

「ラピュタ」って結婚式もやる宴会場があって、そこでやったの。

あの当時の「前川晴美」が今の「紅晴美」と同一人物だってずっと気づかない人もいたくらいで、

「ウソだ。あのコはもっとヤセてた。そんなアドバルーンみたいな体のはずはねぇ」

失礼しちゃうよね。人間、年取れば、体形だって変わるんだ。

全部で50〜60人は集まってくれた。私のクラスの担任の先生も80過ぎてるのに来てくれた。

『じゃんがら恋唄』、盛り上がったな。みんなハーモニカ長屋もボタ山も、知ってるどころが、自分の生まれた原点になってる人たちばっかりでしょ。
誰もが、懐かしい風景をアタマに浮かべながら、私の歌を聴いてくれた。
ずっと「同窓会やろうよ」と訴え続けてきてつくづくよかった、ともう、
泣きたくなっちゃったよ。

第四章　ああ！　大震災！　しかし故郷・福島に「元気」を！

あんなに穏やかな海だったのに

運命の平成23年3月11日、午後2時46分。

私は塩屋岬のすぐそばにある「いわき新舞子ハイツ」っていうところでコンサートの真っ最中だった。

ここの売り物は、海を一望できる展望風呂、旬の海の幸と、楽しいイベント。たっぷりとくつろいで宿泊もできる施設。私のコンサートは3月10日、11日と二日間あったから、前の日は私も泊まって、11日の朝は海に散歩にいった。いい天気で、海も穏やか。まさかそれから数時間には、あんなことが起きるなんて、まったく想像もできなかった。

新舞子ハイツは海からだと100メートル足らずぐらい。防風林はあっても、海抜はほんの数メートルかな。でも、「危ないなぁ」より、「海が近くて気持ちいいなぁ」しか考えてもいなかった。

コンサートが始まったのが2時。それで歌い終わって、じゃあ最後にアンコールってところでガタガタッと来た。

不思議なもので、揺れてる最中って、誰も声をあげない。一度、「キャーッ」って叫ぶと、もうみんな黙っちゃう。映画なんかでずっとキャーキャーいってるのって、あれはぜんぜん違う。

揺れ終わった時に、我に返って、ことの重大さに驚くの。

でも、会場に200人くらい集まっていたお客さんたちはすぐには動かない。というより、動けないんだ。ほとんどが70歳80歳代のお年寄りだから。ウチで搬入したスピーカーがグラグラ揺れてて、倒れてお客さんを押しつぶしちゃいけないからって、私が仁王立ちになっておさえた。

二部制になっていて、コンサート会場にいたお客さんだけじゃなくて、ちょうどお風呂に入ったりしていた人たちもいる。だんだん、みんなパニック状態になってくの。

マネージャーの民生ちゃんも、震える声で、

「まずいぞ、津波が来る」

私はまだ、事の重大性がピンときてなかったんだろうね。

「大丈夫だよ。そのうちおさまる」

ノー天気としかいいようがない。

間一髪で津波を逃れる

そのうち、ＣＤを売りに来たスタッフが携帯電話で、津波がくるっていう警報を受け取ってから、もうパニックは頂点。

そのころには、会場に水が入ってくるのね。液状化現象っていうのか、外の道路が陥没して、アスファルトが割れて、搬入口から、水がジャブジャブとあふれてく。

新舞子ハイツの人たちは、もちろん必死だった。私たちのコンサートにいたお客さんとともに、お風呂に入っていたお客さんたちには浴衣を持っていったり毛布かぶせたりして、とにかく少しでも温かい恰好をしてもらった上で、バスに乗せていったの。

2台しかないバスは、それこそピストン運動。

少しでも早く、多くの人たちに、高台の方に避難してもらわなきゃならない。おじいちゃん、おばあちゃんも、転びそうになるのを必死だった。どうにか皆さんに出てもらったころには、自分たちが脱出しなきゃならなくなってた。

私は、ステージ衣装のドレス着たままなんで、「着替えなきゃ」っていったら、民生ちゃんは、「もうそんなヒマねーよ」って。

楽屋用に、2つ、部屋をとっていて、そのうちの片方の部屋のカギは、後援者の人に預けてた。そしたら、もうその後援者はカギ持ったまま避難しちゃってて、開けられない。携帯電話や財布なんかはそっちにおいてた。

ただ、もう一つの、車のキーやコート、手さげを置いておいた部屋のキーは民生ちゃんが持ってた。これは助かった。車で逃げられたから。民生ちゃんが、余震で揺れている中で、その部屋にキーを取りに行ってくれた。もう、朝のいい天気がウソみたいに、空は真っ暗。ヒョウがふってて、寒くて仕方ない。コートを羽織って出られたのもありがたかった。間一髪だったね。最後に民生ちゃんと車で逃げた時、振り返ったら新舞子ハイツに止まってた車が、次々と津波で流されて行ってたから。来てくれたお客さんの多くが、近くの塩屋岬近辺に住んでいる方々だったみたい。

おかげさまで、その時、新舞子ハイツにいたお客さんの中では亡くなった方はいなかった。でも、塩屋岬付近じゃ、160人以上が亡くなってるんだよね。「紅さんのコンサートのおかげで、私は死ななかった」

とおっしゃってくれるオバアチャンもいたけど、その肉親の方は亡くなってたり。

故郷の人たちの優しさに感謝

どうにか連絡が取れて、その日の晩は湯本の「わかば旅館」っていう、知り合いの宿に泊めてもらった。

まったくありがたい。「わかば旅館」だって、身内や知ってる人たちの安否がわからないし、とても私たちの面倒なんか見てくれる余裕はないだろうに、「任せといて」って泊めてくれたんだから。

ガスも水道も止まってて、食事の準備なんてできない中、おかみさんは、「お腹すいたでしょ」と食パンもってきてくれた。

ありがたいし、申し訳ない。故郷の人たちの優しさは、こういう時につくづく身に染みる。

とても怖くて、いつでもまた逃げられるようにって、ずっと洋服は着替えずに、来た時のままだった。

また、余震が止まらないのよ。特に朝の5時に来たのは大きくて、落ち着いて寝ていられるような心境じゃなかった。

そして翌日。私は、福島の人間の素晴らしさをまた、確信した。コンビニも薬屋も、商品がころがっている中、まだ買えない人たちが店の前で、U字型に列を作って並んでる。たぶん外国なら、横から入ってきたり、盗んだり、順番無視して前に行こうとする人がいたり、ムチャクチャなパニック状態になると思う。

福島の人たちは、みんな列を守って、整然と買い物してるの。中には家が流された人もいるだろうし、家族が行方不明になっちゃった人もいただろうに。そういう悲しみをじっと抑えて、世の中のルールをちゃんと守って行動してるんだよ。

そこが福島人、もっといったら日本人のすごさだよね。

ただ、ガソリン不足で、ガソリンスタンドも長蛇の列の上に、一台10リッターしか入れられないのはとても困った。その頃は、今も住んでいる埼玉・入間のアパートに移ってて、帰るなら車しかなかったのに、とても10リッターじゃ戻れない。

地元応援隊隊長の石尾一夫さんの、「だったらウチに泊まればいい」って言葉に甘えて、もう一日、福島に泊めてもらったんだ。

携帯電話、新舞子ハイツに置きっぱなしにしたままだったでしょ。ずっと不便だったのを見かねて、石尾さんが一台貸してくれた。それであちこち、連絡がとれたのは、とても助かった。

皆さんが助けてくれたおかげで、どうにか埼玉に戻れたのは、震災の翌々日。20時間近くかかってしまった。

死亡欄に載っていた

連絡が取れなかったのは、ほんとにツラかった。

子供たちとも安否確認ができなかったし、福島には昔からお世話になってる人がそれこそ山のようにいる。ほんの2週間前の同窓会で会った人たちだって、多くは福島県内、いわき市内に住んでいる。

なっかなか電話もつながらないし、心配で心配で・・・。居ても立ってもいられないって心境の日々が何日も続いた。

そういえば、私と民生ちゃんも、新聞の死亡欄に名前が載っちゃったらしい。無理もないよ。被害甚大だった塩屋岬の近くでコンサートやってたんだもん。晴美ちゃんも波にのまれちゃったんだな、って思われて当然。

埼玉に戻っても、いても立ってもいられない。後援会のいわき支部会長の星野さんにどうにか連絡とって、「何か、いるもの、ない？」「あ、毛布ほしいな」

それで入間の方の後援会で会長してもらってる坂本富子さんにも協力してもらって、集められる限りの毛布集めて、いわきに持っていった。

福島は、震災だけじゃなくて、原発事故もあって、テレビみるたびに涙が出てきちゃってさ。なんで私の故郷がこんなにひどい目にあわなきゃなんないんだって。

原発の近くに住んでいた人の多くが、埼玉アリーナにバスで来てたの。そこにも行ったよ。いろいろ持ってったら、生ものは受け付けませんて断られた。カップ麺ならいいらしいんで、すぐにまた買ってもってった。

これからどうなるかわからないでしょ、福島の人たちの表情はみんな暗いわけ。

故郷の人たちのこんな顔は見たくない。どうにかして少しでも明るくなってほしいな、と思いつつ、どうしたらいいのかわからないのがもどかしかった。

安波さまの怒り？

ニッポン放送の人たちも、私が死んだと思ってた。ラジオ福島の人たちもそう。

だから石尾さんの携帯電話で、ニッポン放送とつながった時には、向こうの人たちはみんなビックリしてた。ラジオ福島も「紅さん、助かってた」で大騒ぎ。

すぐにラジオに出て、あの日の体験を語ったし、連絡が取れない人たちに、「心配してるから、晴美ちゃんに連絡して」って呼びかけた。

とっても悲しいことも起きたの。

ずーっとデビューしてから応援してくれてた「かつぎ隊」の隊長・猪瀬真姫ちゃんが亡くなっちゃったんだ。震災や津波で亡くなったんじゃなくて、原因は私の死亡情報。

「紅いのち」でやってきてくれた人で、本当は新舞子ハイツにも来てくれるはずが、娘さんの体の具合が悪くなって、ちょうど来れなかったの。そしたら震災でしょ。なかなか私と連絡つかないし、どうやら死んだらしいって情報が入ってきて、すっかり心と体が参っちゃった。「晴美ちゃんが死んだ」っていうショックからすべてを悪い方悪い方に考えるようになって、倒れちゃったんだね。

ところが、救急車呼んだって、病院は震災の被災者でどこもいっぱい。ちゃんとした治療も受けられないままに3月20日に亡くなった。

震災の直接の被害者だけじゃなく、こういう方もたくさんいたんだろうね。家族が亡くなったショックで体調壊して後を追ってしまったり。

痛ましいよ。悲しくてしょうがないよ。

塩屋岬の民宿「鈴亀」のご主人・鈴木さんには、ずっと後援会いわき支部の副会長をやってもらってる。

鈴木さんは、山の方にどうにか避難して一命をとりとめた。でも、近所で民宿をやっていた人たちはほぼ亡くなってしまった。

そのために、鈴木さん、遺体があがると、何度も検死に立ち会ったらしい。つらかったろうね。昨日まで、笑いながら世間話してたような人たちが、いきなりみんな死んじゃって、その遺体を一つ一つ見せられるんだから。

私が、『安波さまの唄』を作ったキッカケになったのも、この鈴木さんのお母さんのとよのさんの話からだった。

とよのさんが言うには、彼女が嫁に来た時は、海の神さまの「安波さまの唄」をよく歌っていたんだって。これを歌っていれば、海は荒れないし、人間にも危害を加えないからって。

それが、もう50年くらいは忘れられてしまって、誰も歌ってなかったらしい。だから、今度の津波も、みんなが安波さまを忘れてしまった報いかもしれない。

そして、とよのさんの亡くなった友人たちが、夢枕に立って、「とよのちゃん、安波さまの唄、うたってくれ」って頼んだんだって。

だったら私が『安波さまの唄』を作らなきゃ、と決心したの。これこそ私の仕事だって。海の神さまをなおざりにしてはいけない。

『ドッコイ夫婦節』と『ど根情桜』は、震災にもめげずに立ち上がる人たちの応援歌として作った。ずっと立ち続ける桜の木のように、しっかり土地に根を張って頑張るべぇ、ってことよね。

女は強いよ

新舞子ハイツのコンサートの2日後には、浪江の、「武扇流」っていう日舞の会で歌う予定だったの。そこの長岡仁子先生にゲストで呼ばれてて。

ところがさ、浪江っていったら原発事故で最も被害が大きかった場所の一つでしょ。ぜんぜん電話がつながらない。やっと先生と電話で話が出来たのが1か月後だった。東和町の針道小学校に避難してた。

「何か出来ることないかね?」「歌いに来てよ」「行くよ」

すぐに決まって、「かつぎ隊」のメンバーで、おしるこ、甘酒、音響機器を持って歌いに行った。涙涙だったよ。

でも、長岡先生、ぜんぜんめげてない。その後、福島市に家を買って、そこに100人くらい生徒集めて踊り教えてる。いわきや会津にも出張で教えたりもしてる。地元の『相馬ながれうた』を継承しなきゃいけない、って、その踊りの普及活動もしてる。

時間があると、私のところにも来て、私の歌の踊りの振り付けもしてくれる。

たぶん70歳くらいだろうけど、そのパワーは若い人にも負けない。女は強いよね。

武扇流を立て直すのに、どれだけ苦労したか。その心が、生きざまが、今の長岡さんの踊りに強く生きてる。

私が、福島の人たちのために出来ることは何かはずっと考えた。

九州から北陸から、コンサートで呼ばれたり、イベントで行くたびにこう叫んだんだ。

「同情するならカネをくれ」

いいつづけて義捐金をお願いした。みんな喜んで、おカネを寄付してくれた。1年くらいで約400万円集まったよ。

ありがとうございました。本当にうれしかった。

ハンカチ振って盛り上がる『私のふるさと福島』

沸くようにでてきたっていうか、もう、あとからあとから歌が浮かんできた。

私にとっても、あの震災体験ていうのは、それくらい強烈な体験だった。

当たり前だよね、実際に、あの新舞子ハイツでは、津波がすぐそばまでやってきてるのを見てるんだから。

震災後も、ずっと被災者の皆さんのところで歌ったでしょ。聞かされるのよ、いろんな話を。津波の時さ、おじいちゃんが、波に飲み込まれそうになる孫の手をずっと握って離さないようにしたのに、力が足らなくて、つい離しちゃった。それで孫が波のかなたに消えていった、とかさ。

それで、残された鯉のぼりを孫の代わりに空に泳がせている、って。もう、泣くしかないって。いくら慰めたって、その人にとっては救いにはならない。

せめて私の歌を聴いて、少しでも元気を出してと願うしかないの。

そんなこと考えてると、いやでも、歌詞がアタマに浮かんでしまうのよ。そこで出来た曲を集めて作ったのがファーストアルバム『紅晴美　ふるさとを唄う』だった。

そこに収録されている『私のふるさと福島』は、福島の人たちに、どうにかして元気になってほしい、って願いを思いっきり込めた曲だった。

一番は浜通りを歌って「フラガール」や「相馬」が出てきて、二番は中通りで「くだもの王国」や「わらじまつり」、三番は会津で「磐梯山」や「水芭蕉」やら、いろんなのが出てくる。それで最後は、「手と手をつないで立ち上がろう」って曲。

福島のいいところを思いっきり詰め込んで、

「こんなにいい故郷はないよ。だから、みんな早く元気になって、またいい故郷を復興させようじゃないか。どんなにつらくても誰かに頼るんじゃなく、自分で立ち上がって」

って気持ちで作ったの。

コンサートの最後はずっと、これでしめてる。ノリノリで、

「さ、みんなで、ハンカチ振りながら唄おう。ハンカチがなきゃ、帽子でも、靴下でも、パンツでもいいよ！」

はじめはエッ！　って顔しても曲が流れると、自然に、みんなハンカチやら手ぬぐいやら振って、一緒に唄ってくれる。福島でのコンサートだけじゃなくて、どこでもこの曲は盛り上がる。

仮設住宅にいて、ずっとくらーい顔してた人も、この曲になると、いっぺんに明るい顔になってハンケチ振ってくれる。

ほんのわずかでも、皆さんの力になれたかと思って、私もとても嬉しくなる。

『泣かないで』

ＣＤに収録できなかった曲もたくさんある。

その中で、ぜひ『泣かないで』という曲の歌詞は、ここで紹介させてもらいたい。

いわき市薄磯の豊間中学校は、目の前が青い海。そしてハマナスに囲まれた、すてきな中学校だった。が、東日本大震災で津波にあい、被害は甚大で、がれきになってしまった。

ところがそのがれきの下からハマナスの花が太陽に向かって咲いているの

を見た時は、私も、嬉しくて嬉しくて、涙がとまらなかった。

そして体育館も無残な姿になっていた。中にひとりぼっちで残された壊れたピアノ。もう、音を出すことはないだろうと誰もが思ったほどだった。

しかし、奇跡は起きた。

地元の楽器屋さんが根気よく手をかけて、修理し、このピアノはＮＨＫの紅白にも出してもらったのだ。

私自身、この中学校のそばでコンサートをやっている最中、津波にあい、笑うことも唄うこともできない状態になったが、このハマナスの花と奇跡を起こしたピアノのおかげで元気になれた。と同時に、自然の力のこわさと強さを感じた。

でも、福島の人はまけねぇぞ！「がんばっぺ！」の精神でずっと乗り越えてきたんだから。

♡『泣かないで』

♡　泣かないで　泣かないで　私を見てよ
がれきの下から　砂にうもれても　なお太陽に向かって咲く　ハマナスの花

①
　教室のまどから見る　青い海が好きだった
波の音が　子守歌みたいに　ユラユラと時がすぎ
ここで　夢を　えがき　ここで別々の道へと　旅立っていった
海をうらむ　わけじゃないけど　時をもどして
忘れたいけど　忘れてはいけない　あつい胸のこの思い
今は誰も　いない学校に　ここで待っているからと　咲くハマナスの花
あのころのかがやきを　とりもどせるように　私も一生懸命　生きて
ゆくから

♡
　泣かないで　泣かないで　私を見てよ
波にのまれても　ひとりぼっちになっても
またうたえることを信じて　待ってるピアノ

②
　その日の朝　私たちは　卒業式だった

みんな　未来に向かって　声をあわせ　唄をうたったよ
まさか　こんなことが　おきるなんて　神様を　うらんだりしたよ
ここで　生まれて　ここで育った　大好きな町を
　忘れたくない　忘れてはいけない　ふるさとのこの海を
　今は誰も　いない学校に　ひとりぼっちで待っていた　よみがえったピアノ
　悲しみは　恋しさに　恋しさは　生きることに　私も一生懸命　生きてゆくから

☆　くじけそうになった時　負けそうになった時も
　私を見てよ　私は　あきらめないから　必ずかがやきを　とりもどすから

『二度惚れ』と『人生まだまだ』

『安波さまの唄』に続いて、私は平成26年に『二度惚れ』，27年に『人生まだまだ』と、シングルＣＤを出した。

このどっちの曲も、やっぱり震災とはつながっている。福島出身者としては、あの震災を抜きにして、それからあとのことは考えられない。まさに「忘れたいけど　忘れてはいけない」なんだ。

『二度惚れ』を作るキッカケになったのは、仮設住宅に住むお年寄りの、何気ない一言だった。

前からいつも私のコンサートには来てくれたおばあちゃんだった。震災のおかげで、子供や孫とはバラバラになっちゃって、ご亭主と二人で仮設住宅に住んでたの。

その人が、あるコンサートで、キレイな着物を着て、見に来てくれたのね。だから終わった後に、「まー、かわいい」ってホメたら、おばあちゃん、

「やだよ。ウチの旦那が二度惚れしてくれるかな」

いい言葉だな、と思った。「二度惚れ」か・・・。女心がチラッとあって。震災で二人だけになってしまったら、もう昔のころの気持ちに戻って二人で支えあうしかないもんね。

『人生まだまだ』にも、どんな苦難にも耐えて、人生をもう一度やりなおそうよ、の気持ちがこめられてる。

人は支えあわなきゃいけないの。でなきゃ、転んだら、もう終わりじゃない。『人生まだまだ』を作る時は、まず「ころんでも　支える手がある」のフレーズが浮かんだの。そこから「つかれたら　よりそう肩」「つらくても　泣ける胸」につながっていったのね。夫婦の絆があり、親子の絆がある。まわりの人たちとの絆がある。

だから挫けちゃいけない、たとえ60を過ぎたって、夢を持ち続けて、「人生まだまだ」のつもりで生きていこうよ、と私は伝えたかった。

もっともっと元気を取り戻してほしかったのよ。

第五章　思わず「ガハハ」と大笑い！　紅晴美「元気」語録

晴美ちゃんの売り物はもちろん歌。でも、トークも人気があるんだ。晴美ちゃんのおしゃべりを聞いているだけで「元気」になれる、って言ってくれるファンもいっぱいいいる。

そんなご自慢のトークの中で、特に元気いっぱい、お笑いいっぱい、感動いっぱいのものを集めてみたよ。

たっぷり味わってみて！

脂肪

「私は好きで太ってんの。この腹、見て！　第一脂肪、第二脂肪、第三脂肪、あふれる希望！　有り余る脂肪！」

「溢れる美貌、こぼれる脂肪　胸に大きな希望　お腹に大きな脂肪」

「私61歳。この年になって何が大事か、おカネでも男でもないのよ。脂肪が大事。これ、平成27年の決めゼリフ」

やっぱり、どうしてもステージの上でも、「脂肪」ネタ、「デブ」ネタは欠かせないところだから。

ほら、前にも書いたけど、若いころは「立川の山口百恵」っていわれてたくらいで、ガリガリだったわけじゃないけど、まあ、そこそこスマートで、「中肉」だったの。

それが子供を産むたびに10キロずつ太って、2人合わせて20キロ太っちゃった。

P盤デビューした40歳のころに、あまりの過労で一度20キロやせて、独立してまたリバウンド。それから先はずっと「脂肪の晴美ちゃん」で通してる。

でもね、私はもうダイエットしてやせようなんて思わない。この体形で皆さんの心の中に入っていければいい。

嘆いてたってしょうがないよ、ついちゃうんだもん。

それより、いいように考えていかなきゃ。

脂肪がついているからこそ、ツヤと張りがあってシワが目立たないとかさ、ヤセたら枯れ葉みたいでシワシワになっちゃうとかさ。

ポジティブシンキングってことかな。

私は基本的に、この世の中で自分が一番好き。キレイでカワイくて、素晴らしい生き方してる、って本当に思ってるの。

私は、人がやれることは何でもできちゃう、ってずっと思ってやってきた。だいたいそのくらいじゃなきゃやってこれないって。

「太ったオバチャンだって、キレイな服着りゃ、キレイになるんだ！」

このセリフは、練馬のＹｏｕ遊モデルの、なんとトップモデルをしている私が、いってる言葉。

若くてヤセててキレイな人なら、何着ても似合うでしょ。そこいくと、太ったオバチャンは、着る服もあんまりないし、だいたいコーディネートも決まっちゃう。

でもね、そこで諦めたら終わり。私を見て、このドレスを着れば、こんなに美しくなるよ！って。

どうすればカワイく見えるか、いつも工夫していかなきゃ。かえって何着ても似合う人より、工夫のしがいがあるってものよ。私は、いつも考えてる。決め手になるのは、フリル、レース、それに花。これを身につけることで、絶対に新しい発見がある。

それと自分を信じるのね。私は鏡を見て、いつも「晴美ちゃん、カワいいね」っていってる。それを毎日繰り返すと本当にカワいくなるの。

諦めちゃいけない。チャレンジの連続。やっていくと、太ったオバチャンの体型でカワいく見せられる方法がいっぱい見つかっていく。ヤセた人にはない魅力があるんだから。


「ヤセたんじゃないの？　ヤセちゃダメだよ」

世の中、なんでこんなにダイエット、ダイエットっていうのかな。

太り過ぎてて、体の調子が悪くなっているのならそりゃヤセた方がいいけど、若い女のコでも、ぜんぜん太ってないのに「ヤセなきゃ」って必死になってる。

どうもおかしいよ。

ヤセるっていうのは「元気」がなくなっているのにつながるでしょ。私も、40歳でデビューして20キロヤセたころは、いつ倒れるかわからないくらい、生気がなかった。体力がなくなるんだよ。

もうあんな経験は二度としたくない。私にとっては、この太目の体がパワーの源なんだ。

歌

「ほら、晴美ちゃんの歌は、嫌味がなくて聴きやすいだろ」

歌の良さって、だいたい人を癒したり、気持ちを温かくしたり、励ましたり、元気にしたり、感動してもらったりでしょ。それが「歌の力」。唄う側が、温かい気持ちをもっていたり、元気があったりしないと、絶対にお客さんたちには伝わらない。

私は、だからこそ、心はいつもさわやかに、正しく、パワフルで、人に対して温かい気持ちで歌を歌っていきたい。おカネ儲けとかを考えていたらダメ。そういうのって、歌に出てきちゃう。「嫌味」が出ちゃう。

どんなことがあっても、来ていただいたお客さんに楽しんでもらい、幸せな気分になって「来てよかった」と思って帰ってほしい。キレイごとじゃない。歌手として生きるのなら、当たり前の話。

一回一回が勝負なの。私は月に何十回と歌う機会があっても、聴きにきてくれるお客さんの中には私の歌を聴いてくれるのが年一回の人も、人生でたった一度きりの人もいるかもしれない。「そこまでやらなくてもいいんじゃないの」と言われたって、私はいつだって全力投球で行く。気を抜かない。

前に、あるお祭りに呼ばれて、歌ったことがあったの。

ヒールはいてて、これから出番でお祭りのステージに行こうとしたら、途中で何かにヒールがひっかかっちゃって、ステーンて転んじゃったのね。だけど、すぐに立ち上がって、お腹が弾むように全力疾走して、前奏に間に合わせて、何ごともなかったように歌っちゃった。

ケガもしなかった。

たぶんこれから歌う緊張感でいっぱいで、体全体にパワーがみなぎっていたから、ケガも吹っ飛ばしたんじゃないかな。

それに私、小学校のころに器械体操やってて、運動神経がいい方なのよ。へー、その体型で？　ってよくビックリされるけど、小学校の時からこの体型じゃなかったんだよ。

「なんていい曲作るんだろうね、晴美ちゃんは」

自画自賛が多いんだ、私は。

まわりはホメてくれないでしょ。だったら、自分で自分をホメるっきゃない。日本人は謙遜したり、相手に合わせたりするのが美徳だって考えがまだけっこう残ってる。私は、そういうのはイヤ。

もっとみんな、自己主張した方がいいよ。、自分を好きになった方がいい。最後に頼れるのは、結局自分自身なんだし。

私の出るラジオ番組を聴いてない人に「聴いてる？」、テレビ番組を見てない人に「見てる？」と、ステージで声をかけることもある。それは、「この次は絶対に聴いてよ」ってアピールしてるわけ。

自分に自信がなくて、人前で自分の歌を披露するなんて、ありえないもんね。聴いてくれたら、見てくれたら、必ず楽しいはず、と信じてる。

歌作りは、これからもまだまだ続ける。

『じゃんがら恋唄』が出来たのは、私の生まれ故郷の元の炭鉱に行った時だった、とは前にも書いたね。みんななくなって、昔の面影をとどめていたのは草に埋もれたバス停だけだったって。あの光景を見た瞬間に、歌が「降りてきた」。

この、「降りてくる」感覚は、歌作りではいつも体験する。

普段からいろいろ書き留めておいて、それでだんだん完成していく、とかじゃないの。インスピレーションていうのかな、「あ、こういう曲、いい」ってフッと天から降りてきて、曲ができる。

しかもほとんどは「丑三つ時」。午前2時とか、真夜中に降りてくる。人間の感覚って、やっぱり、物音がいっぱいある昼間より、こういう静かな時間の方が鋭くなるんだろうね。

「歌は顔じゃないよ。心だよ。顔が気に食わなかったら、つい立をたててくれたってかまわないよ」

私の歌は好きでも、見た目はどうもって人も中にはいる。そんな人には、

「目をつぶって聴いてくれればいい。邪念を取り払って聞いてくれた方が、私の歌はいいかもしれない」

と答えたりもしている。

ずっとラジオやってたでしょ。ラジオ福島は長いし、ニッポン放送にも出てた。それでラジオが大好きになっちゃったね。

なんで好きかというと、人が見ていない分、素直な気持ちでしゃべったり歌ったりできるところ。ありのままの自分を出せるっていうか、自分の素のまま、感じたままでいける。テレビだと、姿が見えるから、どうしても意識するし、着飾った自分を見せたくなっちゃうじゃない。

ラジオはとっても勉強になる。トークもそうだし、リスナーさんからの反応も、みんな自然で、着飾ってない。しかも、リスナーさんにとって想像力が広がるし、しゃべっている方もその想像力をどう広げていくかをいつも考えていかなくちゃいけない。

もちろん、ライブも好き。人と接して、元気になってもらえるのも大好き。

私のことをよく知っているファンの前で歌うだけじゃなく、よく知らないお客さんの前でのステージもすごく楽しい。

第一印象は、みんな見た目から入る。

「あー、なんか、太ったオバチャンが出てきたよ。どうせ、歌もヘタで、たいしたことねんだべ」

ってなものよ。いいの、それで。「太ったオバチャン」なのは事実なんだから。それで、歌いだすと、「おおーっ！」となるの。みんな目がテンになって、「こりゃウマいわ」って変わってく。そこが快感なの。

「それ見ろ、バカにすんじゃねーぞ」

となる。しかも、しゃべったら、これが面白い。

はっきり言って「チビ、デブ、ブス」と三拍子揃ってるのかもしれない。ところが、私には歌としゃべりがある。

最初に期待されるより、あんまり期待されない方が驚きは倍化するでしょ。そういう意味じゃ、この三拍子は、かえって私の歌を引き立たせる武器になるの。

故郷・福島

「私たちは、2回故郷がなくなってるんだ」

一回でも、自分の故郷がなくなったのを体験していたら、それはツラい思い出として残るでしょ。それを私や、私のまわりの人たちは2度も体験してる。

1度目は炭鉱の閉山だよね。

アッという間もなく、町そのものがスッポリとなくなった。あの喪失感ていうか、虚脱感ていうか、それはなかなか言葉にはできない。

衝撃的だったのは、40代になってから、朽ち果てた故郷と久しぶりに対面した時だろうな。自分の故郷の痕跡が、ほぼ何も残ってないって、とても寂しい。

2度目は震災と、原発事故。

津波でたくさんの人が亡くなった上に、原発事故のおかげで、住んでた家に帰りたくても帰れない方がいっぱいいるなんて、こんな悲しいことが本当にあっていいものかって、私は思う。いつか必ず帰れる日が来てほしいと、つくづく願ってる。

テレビのニュースでも、家の中がネズミだらけになっちゃった、とか、イノシシが住みこんじゃったとか、報道されると、心が痛む。飼っていた牛がやせ細って死んじゃったり、飼い犬が野犬化したり、もある。たまらないよ。たまに帰れても、無残な姿になった我が家を見なきゃならないんだもんね。

私の生まれ故郷のいわきと10キロくらいしか離れてない浪江や双葉や相馬の人たちがあの事故のために故郷をなくしちゃったんだ。

そんな被災者の人たちが、私がいわきでコンサートをやったりすると来てくれる。「帰りたいよ」って泣きながらつぶやいてる人の姿を見てきた。帰れないのよね。隣近所だった人たちが、みんなバラバラになって、あっちこっちに引っ越してる。おんなじなの、炭鉱の閉山のあとと。そのバラバラになった人たちが、私のコンサートで再会したりもする。

みんな一緒になって、私の歌を聴き、少しでも慰めになってくれたら嬉しい、といつも思ってる。

「太陽のように明るく、晴れやかで、故郷を照らすようになれたらいいね、ってこの名前を付けたの」

「晴美」は本名。いいよね、晴れて美しいなんて。子供のころから、ずっとこの名前は気に入ってた。

それで、40歳のデビューの時に、紅の太陽のように、元気で明るく、みんなを照らし続ける存在になりたいと、「紅」にしたわけ。

つくづく、この名前にしてよかった、と感じたのが、廃墟になった自分の故郷を見た時だった。まったく、申し訳ないけど、一回離れてしまった後、真剣に故郷のことを考えるなんてずっとなかったのよ。結婚して、別れて、また再婚して、子供を二人産んで、借金も懸命になって返して・・・。いろいろあったでしょ。過去を振り返る余裕なんて、ぜんぜんなかった。

あの、久々の再会で、一気に変わっちゃった。

もしも故郷がまだ賑やかで、キレイで、あちこちの昔の面影を残しているような場所なら、「あー、懐かしいな」くらいで、たいして何も感じなかったかもしれない。たとえば、故郷が新宿か渋谷のようなところだったら、自分が何かそこのためにやってみよう、とは思わないでしょ。そのままで、十分に賑やかなんだから。

故郷を見て、これはかつての賑やかさを伝えて、供養してあげなきゃ、と本気で決心したの。おもいを残しつつ、炭鉱を後にしたたくさんの人たちの

ステージ上でなく、客席に降りて歌うことも多い

悲しみも、残していかなきゃいけない、と。

だから『じゃんがら恋唄』は、また借金してでもＣＤで残さなきゃいけなかった。

こんな故郷との再会があったのは、ラジオ福島に呼ばれて出演していたから。『チャリティー・ミュージックソン』があって、それで私もスパリゾートハワイアンズに行くついでに寄ってみた。

すべて、運命的に引き寄せられていたのかもしれない。

故郷を照らす太陽として、歌を残して行けよ、という天の声に。

震災のあとも、みんなを照らす「赤い太陽」になりたい気持ちはさらに強くなった。ね、「紅晴美」って、それにピッタリの名前でしょう。

「不思議よね、塩屋岬のひばりさんの歌碑と、売店4軒はまったく無傷だったの」

子供のころから美空ひばりさんの歌は唄ってたし、すごく尊敬してた。だから、自分のコンサートでも、ひばりさんの曲はよく唄う。

地元なだけに、やっぱり塩屋岬が舞台の『みだれ髪』は、特に唄う回数が多い。

まったく偶然に、私、塩屋岬のすぐ近くでコンサートをやっている最中に地震が来たのだから、ますます忘れられない曲になってしまった。

被害もとてつもなかった。民宿も津波でほとんど流されて、その一帯で約

160人の方が亡くなっている。

ところが、ひばりさんの『みだれ髪』の歌碑と、売店は無傷だったのよねぇ。ひばりさんの持つ強烈なオーラが津波にも負けなかったのかもしれない。

実はひばりさんの27回忌が平成27年6月に、塩屋岬であったの。息子さんの加藤和也さんもいらっしゃってて、もう90歳を過ぎていた初代の後援会長も一緒だった。

そこへ私、アカペラで『りんご追分』歌ったら、ウトウトしていたその方がパッと目をさまして、ずっと聴いてくれたかと思うと、歌い終わったら、私に「歌、うまいねぇ」って感心してネックレスをかけてくれたの。

ひばりさんのネックレス。こんな高価なもの、私がもらっちゃっていいのかな、と不安になってたら、和也さんが、

「あなただけですよ、この人からもらったのは」

感激しちゃった。和也さんはさらに、

「紅さん、あなたのパワーがあれば必ず紅白にも出られるでしょう」

って。お世辞だとしたって、嬉しいじゃないですか。

ごめんなさい、塩屋岬の話をするつもりが、ちょっぴり自慢話になっちゃった。

生き方・信条

「61歳で紅白目指して、やせもせずに頑張ってんだよ、私は」


雨にも負けず、風にも負けず、ずっと立って唄っていられるのは、このたっぷりと身のつまった体型あればこそ。

それにしても、日本で歌手となったからには、いつかは紅白歌合戦に出たい。これはもう、みんなおんなじだと思う。

若いミュージシャンはわからない。そんなに思い入れはないのかもしれない。でも、私たちみたいに大晦日になると、家族みんなで紅白を見てきた世代にとっては、やっぱり格別の存在なのよ。果てしなく遠い夢かもしれないけれど、ＣＤを出している限りは、可能性はゼロではないでしょ。それに向かってチャレンジする権利だけはあると思うの。

還暦も過ぎて、私だって、あと何年歌手をやっていけるか、あと何年生きられるかもわからない。

だから、過去も未来もない。きょう一日、今を懸命にやっていって、「紅白出場」の夢に近づいていくしかない。

『人生まだまだ』も、「紅白出場予定曲」ってみんなに言ってるくらい。ぜんぜん諦めてないよ。

「人が出会うのは偶然じゃないよ。必然なの。誰と誰が会うかは、前もって選ばれてるの」

私は、自分にふりかかってくるものは、ぜんぶ偶然じゃないと思ってる。自分の置かれている環境を「イヤだ」ってはじく前に、まず受け入れてみるんだよね。何かをやらなきゃならない立場になったとしたら、それは、「あなた、やってみなさい」って運命的に定められている気がするの。

仏教でいう、「爪の上の砂」の話ってあるでしょ。あれ、私、とっても大好き。

命というのは、それこそ、川岸の砂の数くらい、いっぱいある。でも、そのうち人間として生まれるのはてのひらに乗せるくらいしかないし、さらに、正しい仏の教えと出会った人は爪の上に乗った砂の数くらいしかない、っていう。

人間は、生まれてきた時から、みんな、その人にしかない「使命」があって、それを全うするための中で、いろんな人たちとの出会いがあったり別れがあったりもする。でも、なかなかその「使命」を見つけるのも難しい。幸運にも見つけられるのが「爪の上の砂の数」だと私は考えてる。

晴美ちゃんの「使命」は「歌」なの。

子供を授かったのも、２人の亭主と会ったのも、その２人に苦労させられたのも、みんないい歌を唄うための肥やしになってる。歌で世の中の人たちを元気にするのが、私に与えられた使命。

それを果たすために、人とも出会う。ヴィジョンファクトリーの平さんと出会って、メジャーデビューできたのも偶然じゃない。

「晴美ちゃん、ちゃんといい曲を残さなくちゃだめだよ」

と誰かに言われている気がする。

震災で、あんなに津波がすぐそばまで来たのに死なずにすんだのも、そう。「いい歌を歌え」の合図だと思う。

私は、自分の使命をちゃんと果たすために、ずっと完全燃焼していくしかないの。

「おとうさん、生きてる？　たまに聞かないとわかんなくなっちゃう」

私は、ステージの上でも、言いたいことはガンガン言う。

客席の一番前にハゲたおとうさんがいたら、降りて行って、アタマを触りながら「おとうさんのハゲはいいハゲ。人をハゲますハゲだ」っていっちゃったりする。

怒られたって文句はいえないよね。すごく失礼なんだから。でも、そこは晴美ちゃんの美貌と愛嬌で、みんな許してくれる。

だいたい、思ったことはお腹の中に納めてられないのが私の性分。ハゲてるおとうさんに、「まー、髪がふさふさ」なんて白々しいことはいえない。

客席で、私が歌ってても、寝てんだか起きてんだかわかんないおじさんがいたら、

「そこのおとうさん、生きてるのか、死んでるのかはっきりして！」

なんて言ったりもする。

どうしてだろうね。オバチャンで、そういう人はいない。みんな、元気に生きてる。オジサンの方に、なんかボーッとしてて、「ほんとに晴美ちゃんの歌を聴きに来たの？」と心配になっちゃうような人が多い。せっかくライブに来たんなら、ステージは、私と一緒になって盛り上がってほしい。ただ、聴き手だからって傍観してるんじゃなくて、参加してほしいのよ。私がマイク向けて質問したら、すぐ答えてくれるとかさ。

男と女で、「元気」の量が、すごく違う。年取ると余計にそうなのかな。夫婦でも、奥さんは友達と食べ歩きであっちこっち出歩いたりするのに、旦那さんの方は、定年になったら家でジャージはいてゴロゴロしてるってよく聞くじゃない。

コンサートでも、私が、「歌の合間にハルミちゃーん！　って掛け声かけてね」っていったら、大きな声でやってくれるのは、だいたいオバチャン。オジサンは恥ずかしいのか、声を出さないか、出してもすごく小さい。

しっかりしてよ、とオジサンたちに活を入れたいね。もう私はとっくに「元気」。今、元気にならなきゃいけないのはあなたたちなんだよ。誰か他人が元気にしてくれるわけじゃないとしたら、あなた自身が元気を出さなきゃいけない。

まず、「ハルミちゃーん！」の掛け声ひとつくらいは、思いっきりやってほしい。

「この曲が売れなかったら、私、歌手はやめる」

私、新曲を出すたびに、これ、言う。

本当にやめるかどうかは別として、それだけの覚悟を持って新しい曲を出してるってことね。

今回うまくいかなくても、次に挽回すればいい、とは絶対に考えない。毎回が「勝負曲」なの。だからウソをついているわけじゃない。

「次は、ない」のよ。

「人生まだまだやれるじゃないか、っていうのは、私の今の素直な気持ち」

昔なら、60過ぎたら、人間はもう枯れるっていわれてた。私もその年になってみたのに、ちっともやせない。なかなか枯れそうにないの。

会社勤めをした皆さんは、定年になって、「第一の人生」は終わる。けど、長い「第二の人生」があるし、これから、もっともっと楽しくなってくると思う。だってもう、子育ての心配もしなくていいし、やりたいことをやれる時間はたっぷりあるんだから。

よく、私は全国各地のカラオケ大会にゲストで呼ばれる。そこで、70になっても80になっても、ステージ衣装のフリルのついたスーツやドレスで着飾って歌っている皆さんがいる。

あれでいいのよ。「いい年して」なんて、まわりの声を気にしてちゃダメ。
自分のやりたいようにやればいい。「人生まだまだ」なんだから。

終わりに

最後まで読んでいただいて、ありがとう。

今まで生きてきた中でも、「ありがとう」と感謝の言葉を返したい人がいっぱいいる。

私には本気で私の夢につきあってくれる仲間がいる。


まず「後援会」。

会長の宮崎照夫さん夫婦は、なんといってもすばらしい人格の持ち主。

宮崎さんは、小平市の市議会の議長までやった方なのに、どんなところでもどんな時でも、いつでも謙虚で、みずから後援会の皆さんに頭を下げて回ってくれる。

そんな人はいないよ。

平成27年には、国から勲章をいただいたのを区切りに議員をやめて、「これからは晴美さんの応援一本で行くよ」って言ってくれたのにはびっくりした。

奥様のみっちゃんは白ユリのような人で先生を支えてる。先生、これからも面倒かけるけど、末永くよろしくお願いします。

次は「かつぎ隊」

紅晴美の重い夢を一緒にかついでいこう、って決めてくれた人たち。

隊長は震災後に亡くなったけど、そのあとを親友の我妻さんが、私の事務局をやってくれている。

私のコンサートでは、舞台セットを作ってくれる橋本さん、それを手助けするのが高橋さん夫婦、渡辺さん夫婦、気楽の真由美ちゃん、ボブサップ、ゆりちゃん。ご苦労様。

そして「応援隊」。その「かつぎ隊」のあと押しをしてくれる隊。

隊長は石尾一夫さん。奥さんが美容師で私を綺麗にしてくれる。ＣＤ販売、グッズ販売、グチひとつ言わず、ただ黙々と手伝ってくれる。私は「被害者の会」って呼んでいる、応援隊の皆さんを紹介します。

なんでも屋の功（いさお）ちゃん、チーちゃん。お局様の近ちゃん。電気のことなら七海渡さん・信ちゃん夫婦。車のことなら石尾勝美さん、まりちゃん夫婦。うまい野菜を届けてくれる浜尾力さん・セイ子ちゃん夫婦。埼玉から引っ越して頑張っている「歌って紅」の田中さん夫婦、影山さん夫婦、佐久間夫婦、まとい夫婦。キャラクターを作ってくれた美っちゃん。

いつも本当にありがとう!!

「福島の後援会」。

福島には４つの後援会がある。

まず福島支部。花屋さんの佐藤文廣さん・和子ちゃん夫婦は、いつも「しょうがねぇ。やってやるか〜って」笑いながら、頑張ってくれる。親の姿を見て、息子たちもよくやってくれる。
そしてそれを支える鈴木正幸さん・ゆりちゃん夫婦。それがなんと、私と同じ炭鉱の生まれで、私の兄ちゃんと同級生だったなんて、びっくりだよね!!

いわき支部の星野としよさんは、見た目はか細いけど、女にしておくのはもったいないくらい、凄い人。
それを支える副会長の鈴亀さん夫婦、事務局の田中さんと高木さん。

会津支部の花屋さんの佐野民子さん。この人は見た目はすごい。なりふりかまわず女を捨てて病気の父ちゃんのために、子供のために、朝から晩まで働く人。凄いよ。

郡山支部は愛ちゃんを中心に頑張ってくれている。

吉村会長、本田さん夫婦、増子さん、大槻さん、凄いよ～!!

まだまだ続く。「各支部のオバチャンパワー」

❀「小平の小鳩グループ」いつも司会をしてくれる小山一江さんを中心に、踊りで花を添えてくれる村田さん、野村さん、そしていつも明るいあきちゃん、きん子ちゃん。

宮崎先生をよろしくネ！

❀「埼玉・東松山ペンギングループ」デビューの時からずーっと紅一筋で頑張ってくれた春原（すはら）トミさんを中心に、列を乱すことなく、ついてゆくペンギンちゃん。

着付けのかっちゃん、パチンコ生命（いのち）の糸ちゃん、車でいつもどこでも運んでくれるさっちゃん、かわいい青ちゃん。

おっちょこちょいの春原さんをよろしくネ！

❀「うぐいす会ホーホケキョ〜！」ニッポン放送の中継で知り合った久美ちゃん、あやちゃん、ともちゃん、けい子ちゃん、小池ちゃん夫婦、美代ちゃん。キャンペーンの時は大助かり！

❀「居酒屋グループ」福生のハナペペのママ。男に負けないパワー！　南大塚のかあちゃんちのママ。天国にいる大好きな正幸ちゃんといつもラブラブ！　足立区居酒屋ぼっちのママ。子供が男だけだからすごいよ！　東大和の忍ママ。「いいわよ〜！」の掛声がすごいよ！
福島飯坂のようこママ。おまごちゃん命！　私の体型そっくりの練馬区のときちゃん。会津のやすこママ。シャポーのママ。栃木のレディーのママ。演歌ひろしちゃん。浅草ひまわりのママ。高校の同級生のうどんやの正子ちゃん夫婦。その他のママさんたち。
いつもキャンペーン、ありがとうございます。

❀「横須賀のサブちゃんグループ」私の歌を歌って宣伝してくれる強い味方。つるちゃん、ゆきちゃん。

❀「地元・入間のよっしゃ～グループ」坂本さん夫婦を中心に、やさしい片岡さん、クリーニング屋の浜ちゃん、理容のしいちゃん、一生懸命に歌を練習する大塚さん。

❀「茨城の高橋石材グループ」顔は丹波哲郎さんにそっくり、仕事が石屋さんだけに意志はかたいよ。大類四郎ちゃんは、いつもダジャレばっかり言ってるから、勝手にシロ～！

「松戸グループ」いつもなにかと力になってくれるやまちゃんを中心に、望月さんたちオバチャン、頑張ってくれている。

「埼玉・上尾グループ」背は小さいが心は大きいきくちゃん、ゆう子ちゃん。

「茨城の順子グループ」ガハハ笑いの順子ちゃんグループ。

「鏡石の真壁グループ」寺内タケシを応援しながら、晴美もついでに応援してくれている。

「立川商工会女性部のグループ」会計士の下地先生と、商工会の女性部のパワーは半端じゃない。本当にアタマが下がるわ！

売れない時のマネージャーの森ちゃんとその仲間のゆきちゃんと松ちゃん。

ずっと応援してくれてるよ。

❀私の従姉妹の可愛い、いづみちゃん。
長屋の後ろに住んでいた柴田さん夫婦。
再会出来て良かったよ。

❀「郡山磐梯熱海の金蘭荘」花山さん。いつも温泉と料理で私をいやしてくれて、ありがとう。

まだまだ数えきれないくらい、「ありがとう」と言いたい人たちがいる。
それで、こんな曲を作ったの。タイトルは「ありがとう」。

「ありがとう」

①

ふるさとをはなれ　ひとりぼっちになった時
私は自分に　いいきかせた
どうせ人は　ひとりで　生まれ　ひとりで　死んでゆく
だから　さみしくなんか　ないんだと
でも今　私は　本当に幸福
だって私には　いっしょに夢を　追いかけてくれる人がいる
このふるさとが　好き　この町が好き　このゆかいな仲間が好き
あなたに出会えて　本当によかった
生まれかわっても　あいたい

②

いろいろな人が　とおりすぎていったけど
さみしい自分に　いいきかせた
これが人のさだめと　出合いと　別れと　くりかえす
だから　さみしくなんか　ないんだと
でも今　私は　本当に幸福
だって私には　すてきな　そう　あなたがそばにいてくれる
この出会いが　好き　この絆が好き　このゆかいな仲間が好き
あなたに出会えて　本当によかった
生まれかわっても　あいたい

♡

幸せの涙　やさしい涙　この出会いを　うたうよ
ありがとう　ありがとう　これからも　ずっと　いっしょだよ！

震災にあって、失うものも多かったけど、人と人の絆は強くなったと思う。人のありがたさ、ひとりじゃできないことも、みんながいれば、なんでもできる。それを実感している。

親兄弟だって、ここまでするかと思えるほど、今、私のそばにはマネージャー、「かつぎ隊」「応援隊」そして後援会の人たちがいる。いつでも私のわがままをきいてくれ、そして一緒に歩いてきてくれた仲間がいる。

故郷の炭鉱の町をはなれる時はひとりぼっちだったけど、今の私、60歳をこえて思うことは、ありがとうの感謝の心。

これからも、このはてしなく遠いいばらの道を、仲間と一緒に生きていきたい。

平成27年12月

紅晴美

福島の歌うオバチャンの
みんな、元気になーれ！

2015年12月15日初版発行

著　者◆紅 晴美
発　行◆(株)山中企画
〒114-0024 東京都北区西ヶ原 3-41-11
TEL03-6903-6381　FAX03-6903-6382
発売元◆(株)星雲社
〒112-0012 東京都文京区大塚 3-21-10
TEL03-3947-1021　FAX03-3947-1617

印刷所◆モリモト印刷
※定価はカバーに表示してあります。
ISBN978-4-434-21400-4 C0095